lonely planet

DE CERCA
CIUDAD
DE MÉXICO

AF276725

Phillip Tang

Sumario

Arriba: escultura del templo
de Quetzalcóatl (p. 139).
Abajo: festival, basílica de Nuestra Señora
de Guadalupe (p. 52).

DESDE ARRIBA IZDA.: QUIGGYT4/SHUTTERSTOCK, BELIKOVA OKSANA/SHUTTERSTOCK

El viaje empieza aquí

Quienes repiten visita hablan maravillas de Ciudad de México, como si conociesen algún secreto. Se nota que la capital empieza a darse cuenta de su grandeza. Las casas de piedra del Centro Histórico cobran nueva vida como restaurantes, y el arte de Frida Kahlo y Diego Rivera sigue tan vigente como el primer día. En las calles arboladas de Roma eclosionan bares y restaurantes modernos junto a la comida callejera de toda la vida. La historia de la metrópolis al completo parece presente toda a la vez, y es fantástico. Que corra la voz.

Phillip Tang
@mrtangtangtang
Phillip lleva dos décadas escribiendo sobre viajes y sobre Asia e Hispanoamérica en decenas de guías Lonely Planet.

CON LA COLABORACIÓN DE:
Jennifer Fernández Solano *@mexicantravelwriter*
Escritora de viajes y editora mexicana que colabora con Lonely Planet desde el 2011. Ha escrito el capítulo de Teotihuacán.

Museo Frida Kahlo (p. 124).
ANTON_IVANOV/SHUTTERSTOCK

Experiencias culinarias

Ciudad de México cuenta con uno de los panoramas culinarios más diversos y emocionantes del mundo, donde no faltan opciones internacionales y veganas.

Sorprenderse por la fusión oaxaqueño-asiática y por el mole madre (salsa de chocolate especiada y añejada) del aclamado **Pujol.** (p. 109)

Saborear unos suculentos tacos de cerdo con una buena costra (de queso) justifica la cola en la moderna **Taquería Orinoco.** (p. 88)

Probar las crujientes tostadas de atún y el pescado a la parrilla (arriba) de la marisquería **Contramar.** (p. 97)

Descubrir el delicioso sabor de la cocina mexicana en una mansión del Centro Histórico en **El Cardenal.** (p. 50)

Comer tentempiés mexicanos directos del comal (plancha caliente) en el **Expendio de Maíz,** donde el menú cambia a diario. (p. 86)

Disfrutar de la cocina callejera con tacos típicos en versión vegana (soja y gluten) en **Por Siempre Vegana Taquería.** (p. 89)

Dcha.: El Cardenal.

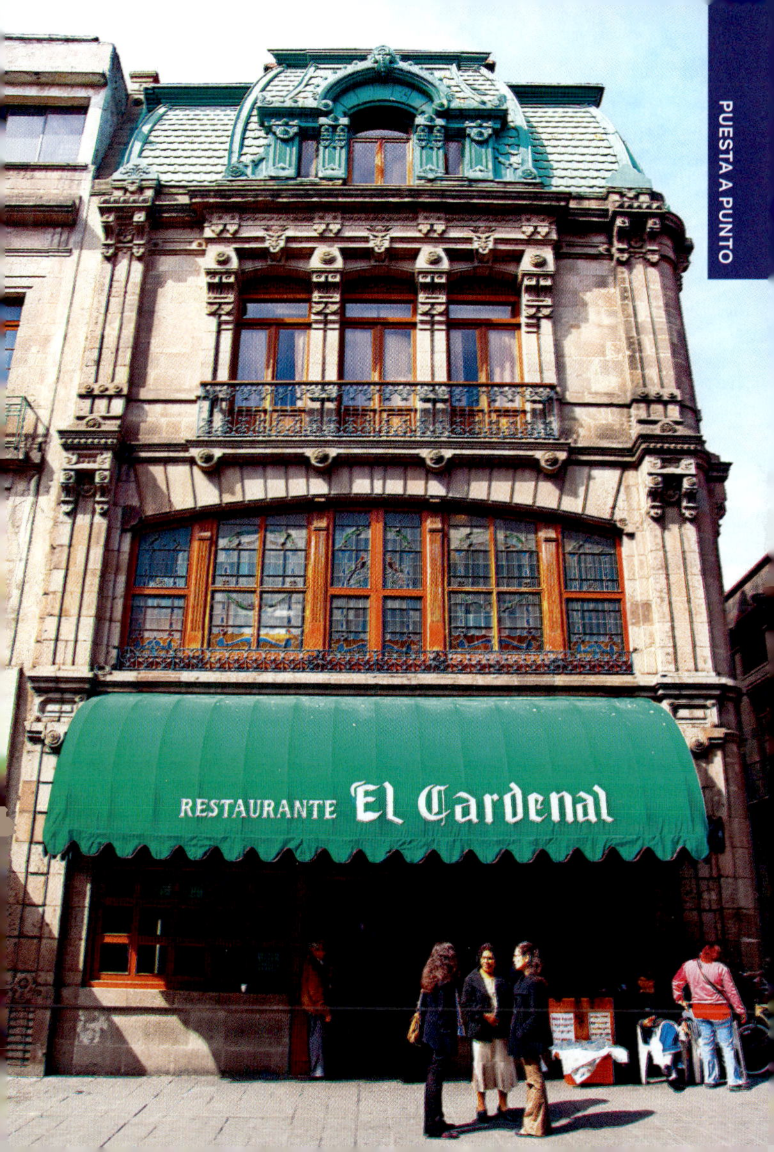
RESTAURANTE El Cardenal

LO MEJOR

Beber y vida nocturna

Sumergirse en el renacer de los cócteles de mezcal y degustar cervezas locales en cantinas con historia. Después hay que seguir la fiesta en los bares de azotea y los clubes en sótanos.

Dejarse sorprender por los fantásticos cócteles de autor de la acogedora **Licorería Limantour,** uno de los mejores bares de Hispanoamérica. (p. 89)

Probar el mezcal en cócteles sorprendentes con combinaciones como pepino con un toque de chile habanero en **Baltra.** (arriba; p. 97)

Disfrutar como en casa de un amigo en el **Departamento,** pero con bandas de *indie* mexicanas y gente moderna. (p. 89)

Fluir entre copas, platos y conciertos en la librería-cafetería-restaurante-bar-escenario **El Péndulo Cafebrería.** (p. 119)

Adentrarse en un reservado de nogal y degustar tequila añejo bajo los ornamentados techos de cobre del s. XIX en el bar **La Ópera.** (arriba; p. 51)

Contemplar el palacio de Bellas Artes desde **La Azotea,** al otro lado de la Alameda Central, cóctel de mezcal en mano. (p. 67)

Dcha.: El Péndulo Cafebrería.

LO MEJOR

Compras

Hacerse con una muestra de la creatividad mexicana: artesanía tradicional de mercado, menaje de diseño vanguardista, arte vendido por los artistas en un parque o botellas de tequila y mezcal artesanales.

Pasear por el **Bazaar Sábado** de San Ángel, un mercado con las mejores joyas y cerámicas artesanas de México. (p. 119)

Deambular por un parque mirando cuadros y fotografías y charlando con los artistas en el **Jardín del Arte El Carmen.** (p. 119)

Conocer a los artesanos hablando con el personal experto del **Pingüino México Condesa.** (p. 97)

Elegir regalos únicos entre la papelería de diseño, la joyería, la ropa y las artesanías mexicanas de calidad seleccionadas por **Happening.** (p. 89)

Ir de compras con estilo en una belleza *art déco* llena de *boutiques* de moda y regalos de diseño local en **Barrio Alameda.** (p. 67)

Llenar la maleta de artesanías de todo México en el mercado popular **Centro de Artesanías La Ciudadela.** (p. 67)

Dcha.: Centro de Artesanías La Ciudadela.

LO MEJOR

Museos y galerías

Como una de las ciudades con más museos del mundo,
Ciudad de México cuenta con murales exquisitos,
objetos personales de Frida Kahlo en su antigua residencia
y tesoros palaciegos por toda la metrópolis.

Admirar los murales de artistas
mexicanos de fama mundial en el
espléndido **Palacio de Bellas Artes,**
de mármol blanco. (arriba; p. 58)

Dejarse inspirar por 2600 obras de
conocidos artistas contemporáneos,
mexicanos e internacionales, en el
emocionante **Museo Jumex.** (p. 108)

Acercarse hasta el fascinante
Museo Frida Kahlo, la casa azul
donde nació, vivió y murió la famosa
artista mexicana. (p. 124)

Subir al **Museo Soumaya,** una obra
maestra de la arquitectura, para ver
el *Pensador* de Rodin y obras de Dalí
y Rivera. (arriba; p. 108)

Maravillarse ante la extravagancia
de la antigua aristocracia mexicana
en los salones del **castillo
de Chapultepec.** (p. 104)

Conocer la historia mexicana
a través de un sinfín de objetos
prehispánicos en el **Museo Nacional
de Antropología.** (p. 102)

Dcha.: castillo de Chapultepec.

SHAWN GOLDBERG/SHUTTERSTOCK

Canales de Xochimilco (p. 132).

LO MEJOR

Cultura tradicional

Las capas de la historia no solo se aprecian en los edificios de la ciudad. También están presentes en los tambores aztecas, las canciones tradicionales y las bebidas prehispánicas.

Dar palmas al ritmo de los mariachis que cantan serenatas por encargo en la animada **plaza Garibaldi.** (p. 48)

Presenciar el rito totonaca de los voladores, que "vuelan" desde un poste de 20 m de altura junto al **Museo Nacional de Antropología.** (p. 102)

Sentir el ritmo del mitote azteca, un ritual danzado al son de las tobilleras y los cantos, en el **Zócalo.** (p. 47)

Explorar los jardines flotantes aztecas desde una trajinera de colores en los **canales de Xochimilco,** al sur de la ciudad. (p. 132)

Conmoverse ante las elaboradas ofrendas y el desfile del **Día de Muertos.** (p. 27)

LO MEJOR

Experiencias de ocio

En la capital, la música y el teatro se respetan y gozan de buena salud. Si se prefiere el griterío desenfrenado, se puede optar por el fútbol o la lucha libre.

Jalear y abuchear a los luchadores en los combates circenses de lucha libre, que se acompañan de danzas populares en el **Arena México.** (p. 86)

Asistir al espectáculo de trajes, música y danzas tradicionales del **Ballet Folklórico de México,** en el Palacio de Bellas Artes. (p. 58)

Ver cine independiente mexicano y extranjero en la **Cineteca Nacional,** una maravilla arquitectónica de 10 pantallas en Coyoacán. (p. 128)

Cenar al son de las estudiantinas (similares a las tunas españolas) en el bonito restaurante del Centro Histórico **Café de Tacuba.** (p. 51)

Luchadores.

THOMAS BARWICK/GETTY IMAGES

LO MEJOR

Colectivo LGTBIQ+

Ciudad de México es el epicentro nacional e hispanoamericano de las actitudes liberales hacia la cultura *queer*. Los extranjeros siempre son bien recibidos en los locales LGTBIQ+ de CDMX (Ciudad de México).

Disfrutar de la pista entre espectáculos *drag* y del jardín de la azotea del siempre concurrido **Rico Club.** (p. 76)

Unirse a la clientela de treintañeros bien vestidos de **Marikoteca,** con terraza en la azotea y noches de "Ellas" los jueves. (p. 76)

Meterse en la acogedora cueva de osos y cachorros de **Nicho Bears & Bar.** (p. 76)

Adentrarse en el cuarto oscuro de **Tom's Leather Bar,** un local de ambiente gay, no tan fetichista como sugiere el nombre, en la elegante Condesa. (p. 76)

Bailar pop alternativo y tomar copas a buen precio con un público joven y sudoroso en **La Purísima,** en el centro. (p. 49)

Flora Lounge ofrece buenos cócteles en un bonito bistró lo bastante tranquilo para entablar conversación. (p. 97)

Dcha.: Marcha del Orgullo (p. 146).

Yacimientos históricos

La historia antigua y moderna parece estar viva, no solo en los fascinantes museos de la ciudad sino también en los lugares públicos de culto, las grandes plazas y los tributos al aire libre a la rica historia de la ciudad.

Descubrir el corazón de la antigua Tenochtitlán en el **Templo Mayor,** donde los aztecas vieron a su águila simbólica sobre un cactus. (p. 40)

Admirar la vista desde el **monumento a la Revolución,** que acoge la tumba de Pancho Villa. (arriba dcha.; p. 64)

Contemplar la escultura dorada de **El Ángel,** dedicada a los héroes de la independencia. Sus restos descansan bajo el monumento. (arriba; p. 72)

Curiosear en el **Museo Casa de León Trotsky,** donde el revolucionario fue asesinado por un agente de Stalin. (p. 129)

Descubrir los secretos de las momias del s. XVII conservadas en la cripta de un antiguo monasterio carmelita en el **Museo de El Carmen.** (p. 118)

Peregrinar a la **basílica de Guadalupe,** una gran iglesia con jardines donde se dice que se apareció la Virgen María. (p. 52)

Lo mejor para niños

Participar en manualidades infantiles en el **Museo de Arte Popular,** con exposiciones para toda la familia. (p. 60)

Montar un programa de radio, participar en una excavación arqueológica y probar varios dispositivos interactivos en el **Papalote Museo del Niño.** (p. 108)

Jugar con seguridad en una zona de juegos cerrada en la arbolada Condesa, entre músicos callejeros y paseadores de perros, en el **parque México.** (p. 93)

Presenciar el espectacular rito totonaca de los voladores, que "vuelan" desde un poste de 20 m de altura junto al **Museo Nacional de Antropología.** (p. 102)

Moler cacao y hacer chocolate a la mexicana en el museo interactivo **Mundo Chocolate,** dedicado a este alimento local. (p. 76)

Relajarse a la sombra en las bohemias **plazas Hidalgo y Jardín Centenario,** donde hay puestos de helados y una fuente con coyotes. (p. 127)

Lo mejor gratis

Rezar por las ruinas aztecas reutilizadas en la construcción de una catedral emblemática con altares y capillas doradas en la **catedral metropolitana.** (p. 42)

Admirar la escultura dorada de **El Ángel** sobre un pilar de 45 m de altura dedicado a los héroes de la Guerra de la Independencia. (p. 72)

Disfrutar del arte con las 2600 obras de arte contemporáneo mexicano e internacional del **Museo Jumex**. (p. 108)

Subir al **Museo Soumaya,** una obra maestra de la arquitectura, para ver el *Pensador* de Rodin y obras de Dalí y Rivera; gratis todo el año. (p. 108)

Ver cómo los bailarines aztecas bailan el mitote golpeando los pies contra el suelo para que suenen las tobilleras y cantando en náhuatl, cada día en el **Zócalo.** (p. 47)

Visitar el **Bazaar Sábado**, el mercado de arte y artesanía de los sábados en San Ángel, y ver las obras que exponen los artistas en la plaza San Jacinto. (p. 117)

Tres días perfectos

Historia azteca y murales mexicanos, almorzar con los mejores platos y tacos callejeros del país, y una tarde de paseo por barrios arbolados como aperitivo para las aventuras nocturnas.

OCTAVIO HOYOS/SHUTTERSTOCK

Casa de los Azulejos (p. 48).

DESDE IZDA.: PINKYDESIGN/SHUTTERSTOCK, KIEV.VICTOR/
SHUTTERSTOCK, BRESTER IRINA/SHUTTERSTOCK

PRIMER DÍA

Si solo se dispone de un día

MAÑANA

Se visita el **Zócalo** (foto; p. 47), antaño el centro del universo azteca. Tras explorar las ruinas prehispánicas del **Templo Mayor** (p. 40), se acude al **Palacio Nacional** (p. 46) para admirar los murales de Diego Rivera.

TARDE

No hay que perderse los famosos tacos de suadero (corte de ternera entre el costillar y la piel de la panza) en **Los Cocuyos** (p. 50), ni la fachada azul y blanca de la **casa de los Azulejos** (p. 48). En su interior hay un mural de José Clemente Orozco.

NOCHE

Se disfruta de una cena de platos tradicionales y mezcal al son de los mariachis en la **plaza Garibaldi** (p. 48).

SEGUNDO DÍA

Un fin de semana

MAÑANA

Se adentra uno en el pasado de México en el enorme **Museo Nacional de Antropología** (foto; p. 102) y se contempla el mayor parque urbano de Hispanoamérica desde el **castillo de Chapultepec** (p. 104).

TARDE

Un paseo por las calles de la colonia **Roma** (p. 84), llenas de cafeterías, y un almuerzo mexicano en **Contramar** (p. 97). Después, en Condesa, se admiran los edificios *art déco* que dan al **parque México** (p. 93).

NOCHE

Se empieza la noche con un cóctel creativo en **Baltra** (p. 97) y se termina con unos tacos en la siempre popular **Taquería Orinoco** (p. 88).

TERCER DÍA

Una escapada

MAÑANA

Se empieza el día con un paseo por la **Alameda Central** (foto; p. 62) y admirando el esplendor *art déco* y los murales de Diego Rivera en el **Palacio de Bellas Artes** (p. 58). Se sigue explorando murales de los "tres grandes" muralistas en el **Antiguo Colegio de San Ildefonso** (p. 47) y se come entre árboles en el patio de **Azul Histórico** (p. 50).

TARDE

Se va hasta Coyoacán, al sur, para visitar el **Museo Frida Kahlo** (p. 124) en la Casa Azul.

NOCHE

Se cena y se toma un mezcal en el maravilloso **Jardín Centenario** (p. 127).

Con más tiempo

Se visitan las exposiciones temporales de arte moderno y contemporáneo en el **Museo Soumaya** (p. 108), el **Museo Jumex** (p. 108), el **Museo Tamayo** (p. 107) y el **Museo Nacional de la Estampa** (p. 65). En varios museos se programan actividades nocturnas el último miércoles de cada mes en la Noche de Museos.

———————————

Comprar obras a los propios artistas en el mercado al aire libre de San Ángel, el **Bazaar Sábado** (p. 117), o en el **Jardín del Arte El Carmen** (p. 119), y ver trabajar a los artesanos en el **Museo Nacional de Culturas Populares** (p. 128) de Coyoacán.

En el límite de la ciudad, pueden visitarse las chinampas (jardines flotantes aztecas) de los **canales de Xochimilco** (p. 132), así como la gran iglesia y el **Museo de la Basílica de Guadalupe** (p. 53). Pueden explorarse el **bosque de Chapultepec** en el **Audiorama** (p. 107), una biblioteca en un jardín cerrado, y la fuente de coyotes de la **Monumental Fuente de Nezahualcóyotl** (p. 107).

———————————

Pueden tormarse clases de baile en la **plaza del Danzón** (p. 63) y jalear a los luchadores en el **Arena México** (p. 86), o pasar la noche cóctel en mano en el **Xaman Bar** (p. 77) o la exclusiva **Licorería Limantour** (p. 89).

Museo Nacional de Culturas Populares (p. 128).

Una excursión

El complejo de pirámides de **Teotihuacán** (foto; p. 134), que antaño coronó la mayor ciudad de Mesoamérica, es comparable en importancia a las ruinas de Yucatán y sorprende a los visitantes con las proezas tecnológicas de su civilización. Caminar por la calle de los Muertos y admirar la tercera pirámide más grande del mundo, la **pirámide del Sol,** bastan para justificar el trayecto de 1½ h desde Ciudad de México. También destacan la pirámide de la Luna y las ruinas del palacio de Quetzalpapálotl, y los palacios con murales de jaguares, serpientes, águilas y Tláloc, dios de la lluvia. Turibus (*turibus.com.mx*) y Capital Bus (*capitalbus.mx*) organizan excursiones de un día a Teotihuacán, abierto todos los días del año.

En un día de lluvia

Explorar las historias y los objetos fascinantes de las numerosas civilizaciones mesoamericanas en el fantástico **Museo Nacional de Antropología** (p. 102).

Quienes viajen con niños disfrutarán del cercano museo interactivo **Papalote Museo del Niño** (p. 108), donde pueden crear un programa de radio, conectar con el científico loco que llevan dentro, participar en una excavación arqueológica y probar juegos y artículos tecnológicos.

En el sur, las 10 pantallas de la impresionante **Cineteca Nacional** (foto; p. 128) ofrecen a diario cine independiente nacional e internacional.

Prepararse

Tres meses antes Reservar entradas para el espectáculo de luces de Teotihuacán y mesa en los restaurantes más exclusivos.

Un mes antes Reservar entradas para el Museo Frida Kahlo. Planificar la Noche de Museos (último miércoles de mes, 18.00-22.00).

Al llegar Examinar la oferta de exposiciones temporales y conciertos.

Costumbres

Es de buena educación decir "Mucho gusto" en las presentaciones y darse un apretón de manos. Entre un hombre y una mujer, ella ofrece la mano primero.

A los mexicanos les encanta escuchar que a los visitantes les gusta México. Les cuesta criticar o discutir abiertamente; lo hacen con matices.

Hay que llegar al menos 30 minutos tarde; llegar puntual es de mala educación.

Etiqueta en la mesa

Antes de comer, se suele decir "buen provecho". Cuando se sale del restaurante, se suele desear buen provecho a las otras mesas.

Los tacos se cierran haciendo una pinza con los dedos y para comerlos, se inclina la cabeza, no el taco, que permanece horizontal. Invitar a comer a alguien significa, implícitamente, que quien invita, paga.

Información útil

Museos Casi todos son gratis los domingos y cierran los lunes. Los que tienen descuentos para estudiantes aceptan carnés de estudiante extranjeros.

Seguridad Las áreas mencionadas en esta guía se pueden explorar a pie, sobre todo de día. Conviene que los objetos de valor no estén a la vista y vayan en una bolsa o bolsillo con cremallera, en especial en zonas concurridas y en el metro. No hay que parar taxis en la calle. De noche, mejor circular por calles principales.

Café El café fuerte tipo exprés y los cafés con leche abundan en las zonas turísticas de Condesa y Roma. Por lo demás, lo habitual es el café aguado, como el café de olla (café típico con especias) o el americano (de filtro).

PROPINAS

Los empleados del sector servicios suplementan con las propinas los bajos salarios. Esta no se suele añadir a la cuenta, pero se espera que se pague, en metálico o con tarjeta. Si se paga con tarjeta, se dice "con el diez" para que se añada un 10 % de propina.

10 %
Restaurantes, cafeterías y bares
es lo habitual

15-20 %
Restaurantes, cafeterías y bares
por un servicio excelente

25-50 MXN
Personal en hoteles de lujo
por un buen servicio

100-200 MXN
Guías turísticos

PRESUPUESTO DIARIO

Económico Hasta 800 MXN
- Cama en dormitorio colectivo: **250-350 MXN**
- Habitación doble en hotel económico: **500-800 MXN**
- Taco en un puesto callejero: **10-30 MXN**
- Cerveza: **30-50 MXN**
- Billete de metro: **5 MXN**

Medio Entre 800–1600 MXN
- Habitación doble en hotel medio: **800-1600 MXN**
- Entrada de museo: **40-90 MXN**
- Menú de mediodía: **90-190 MXN**
- Cena con bebidas: **350-450 MXN**
- Trayecto corto en taxi o vehículo compartido: **60-90 MXN**
- Entrada de lucha libre: **150-700 MXN**

Alto Más de 1600 MXN
- Cena con bebidas en restaurante de lujo: **450-900 MXN**
- Habitación doble en hotel de lujo: **1600-5000 MXN**
- Circuito con guía privado por la ciudad, por pareja: **2000 MXN**

Moneda
Peso mexicano (MXN)

Idioma
Español; 68 lenguas indígenas

Hora local
Hora del Centro (GMT/UTC -6 h)

MECHANIC3D/SHUTTERSTOCK

CONSEJO

Como no se puede beber el agua del grifo, muchos hoteles y algunas cafeterías tienen un garrafón con agua filtrada. Es útil llevar una botella reutilizable.

📅 Cuándo ir

Cada época del año tiene sus ventajas. En invierno, los días pueden ser soleados, y las mañanas de verano son agradables antes de la lluvia refrescante de la tarde.

En primavera (mar-may), los mexicanos se marchan de vacaciones por Semana Santa y la ciudad queda muy tranquila. En mayo se pueden aprovechar los últimos días cálidos y sin lluvia antes de que empiece la temporada lluviosa de verano (jun-ago). Por la tarde, los días calurosos, caen chaparrones puntualmente.

En otoño (sep-oct) llueve un poco pero no hace calor y el tiempo es agradable. Cuando llega el frío y se aleja la lluvia, empieza el invierno (nov-feb), con todo el color del Día de Muertos.

Grandes eventos

Marzo o abril Los actos más destacados de la **Semana Santa** se celebran en el distrito de Iztapalapa, 9 km al sureste del Zócalo, e incluyen la recreación de una crucifixión. Muchas personas abandonan la ciudad y las calles quedan casi desiertas.

Julio San Ángel explota de color con la **Feria de las Flores.** Dura una semana e incluye la exposición y la venta de un sinfín de plantas, actividades familiares, actuaciones y esculturas botánicas. El festival tiene orígenes prehispánicos.

Septiembre El día 15, víspera del **Día de la Independencia,** miles de personas se reúnen en el Zócalo para escuchar a su presidente o presidenta pronunciar su versión del "Grito de Dolores", la famosa llamada de Hidalgo a la rebelión contra España en 1810, y ver los fuegos artificiales.

Clima

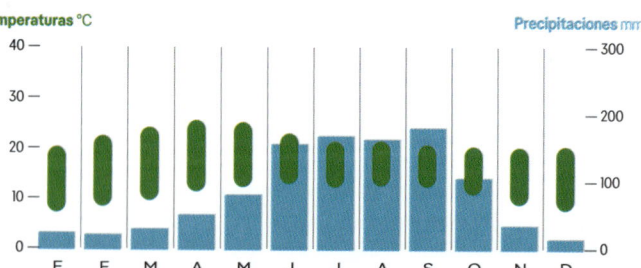

Temperaturas °C   Precipitaciones mm

EVE OREA/SHUTTERSTOCK

Desfile del Día de Muertos.

Octubre y noviembre Los días antes del **Día de Muertos** (1 y 2 de noviembre) aparecen elaboradas ofrendas por todas partes. El **desfile del Día de Muertos** anual cuenta con más de 1000 bailarines disfrazados y marionetas de calaveras gigantes que van por Reforma hasta el Zócalo.

Arte y curiosidades

Marzo o abril El estadio GNP Seguros (Foro Sol hasta el 2024) acoge el festival de música anual **Vive Latino,** con grupos mexicanos y extranjeros.

De julio a septiembre El Museo Franz Mayer acoge la exposición anual de **World Press Photo** de finales de julio a finales de septiembre.

De octubre a marzo La Cineteca Nacional ofrece **Cine al Aire Libre** al anochecer en el césped de su jardín trasero (gratis).

Noviembre El gran complejo de la Cineteca Nacional acoge la **Muestra Internacional de Cine.**

CONSEJOS SOBRE ALOJAMIENTO

Los precios varían en función de la época vacacional en EE UU. Julio, agosto y diciembre son los más caros; mayo y junio son temporada baja y los hoteles ofrecen descuentos. Cabe esperar que los precios suban y esté todo completo durante el Mundial de Fútbol, que se celebrará en CDMX en el 2026.

Cómo llegar

Casi todos los visitantes llegan por aire al aeropuerto internacional Benito Juárez, pero también se puede llegar en autobús o en coche desde otros estados.

Del aeropuerto al centro

Taxi o vehículo compartido

Es la opción más directa, cómoda y económica. Los mostradores de taxis oficiales que hay al salir de la aduana cobran una tarifa plana hasta el Centro Histórico *(8 km; 200 MXN aprox.)*. Los taxis que se paran en la calle no son seguros.

Los coches de Uber y Didi *(150 MXN)* pueden recoger a los pasajeros en cualquier terminal sin tasa adicional. Se puede usar la wifi gratuita del aeropuerto para seleccionar en la *app* la puerta o salida de la terminal donde se quiere ser recogido. Se suele tardar 25 min aprox.

Metrobús (autobús)

La línea 4 *(30 MXN)* va directa al Zócalo (45 min) desde la puerta 7 de la terminal 1 y la puerta 3 de la terminal 2, pero ahora requiere transbordo en la estación de San Lázaro.

Metro

El metro cuesta solo 5 MXN por trayecto, pero requiere un transbordo, va abarrotado y no es seguro si se viaja con equipaje. Está a 900 m de la terminal de llegadas, frente a la salida occidental al otro lado del aeropuerto.

Otros puntos de entrada

Terminales de autobús

Las terminales de autobús de larga distancia de Ciudad de México son: Terminal Norte, Terminal Oriente (llamada TAPO), Terminal Poniente (Observatorio) y Terminal Sur (Tasqueña). Todas tienen taxis seguros y permiten servicios de Uber.

Autobús del aeropuerto

También hay autobuses de larga distancia desde el aeropuerto, con enlaces directos a otras ciudades.

Aeropuerto internacional Felipe Ángeles
Está 35 km al norte de Ciudad de México. No es práctico, ya que recibe pocos vuelos internacionales y está lejos del centro (con la inseguridad que eso conlleva).

Cómo desplazarse

La red de metro y autobús es económica y fácil de usar. Eso sí, se llena en hora punta. Abundan los taxis, pero algunos pueden ser peligrosos. Conviene pedir al hotel que llame a un taxi seguro, o usar Uber (barato y eficiente). Nunca hay que parar un taxi en la calle. Se puede alquilar bicicletas y hay carriles designados.

Taxi y vehículo compartido

Lo más seguro y económico son las *apps* de vehículos compartidos Didi o Uber. Se puede usar la misma cuenta y tarjeta que en casa. No hay que aceptar caramelos ni bebidas de ningún conductor: pueden contener drogas.

Se recomienda pedir al hotel que llame a un taxi seguro y autorizado y que confirme si el taxi funciona con tarifa (precio fijo) o taxímetro. Una carrera de 4,5 km con tráfico moderado –por ejemplo, del Zócalo a El Ángel– ronda los 150-200 MXN. De 23.00 a 6.00, se añade un 20 %.

Aunque parar un taxi libre en la calle sea más barato, no hay que hacerlo *nunca:* las agresiones por parte del conductor o sus cómplices son comunes.

Metro

Es lo más rápido. En hora punta, hay trenes cada 2-3 minutos. A 5 MXN por trayecto, es económico y funciona desde la madrugada hasta medianoche.

--- **UNA 'APP' ESENCIAL** ---
La **'app' de Google Maps** va bien para planificar los desplazamientos. No hay ninguna *app* gubernamental alternativa.

Cuando va lleno, hay carteristas, así que conviene vigilar las pertenencias, sobre todo en las estaciones de Bellas Artes y Zócalo/Tenochtitlán, donde se sabe que hay bandas que trabajan en equipo.

Metrobús

Es un servicio de autobús cómodo y accesible en silla de ruedas que para en estaciones similares a las de metro en mitad de la calle. Es útil para ir a Roma, Condesa y Chapultepec. La zona rosa en la parte delantera es exclusiva para mujeres y niños. Casi todas las líneas funcionan de 5.00 a 24.00.

Bicicleta

Los visitantes se pueden registrar en el sistema de alquiler de bicicletas **Ecobici** *(ecobici. cdmx.gob.mx; alquiler 1/3/7 días 123/245/409 MXN)* con una tarjeta de crédito y un documento de identidad desde la *app* o en línea. Hay estaciones en todos los barrios mencionados en esta guía (incluidos Roma, Condesa y el Centro Histórico). Los usuarios registrados pueden acceder a las bicicletas de cualquier estación cuando quieran y aparcarlas en otra estación. No se proporcionan cascos ni son obligatorios.

Transporte público

Tarjetas de transporte

Las tarjetas de transporte inteligentes y recargables MI (foto p. 29) se compran en las estaciones de metro por 15 MXN (no reembolsables) y se pueden usar en el metro, el metrobús, en casi toda la RTP, el cablebús y las estaciones de Ecobici; en los autobuses más pequeños, llamados *peseras* y *camiones,* se paga en efectivo. Para validarla, se toca la máquina validadora con la tarjeta MI al subir. No es necesario volver a marcar al bajar. Se recarga en las estaciones de metro, metrobús y cablebús.

Tarjetas bancarias

Desde finales del 2024, CDMX permite que los visitantes extranjeros usen sus tarjetas bancarias y de crédito como si fueran tarjetas MI en casi todas las estaciones de metrobús y metro. Los autobuses más pequeños solo aceptan efectivo. Para usar el transporte público sin tarjeta MI, se pueden usar métodos de pago sin contacto, incluidas las tarjetas Mastercard, Visa y American Express, o tarjetas digitales y dispositivos inteligentes. Hay que tener en cuenta las tasas y comisiones por transacciones con tarjetas extranjeras y cambio de divisa. Conviene prever un método de pago alternativo por si la tarjeta bancaria se rechaza por errores técnicos o medidas antifraude.

Moverse en metro

El metro es barato y fácil de usar, pero en hora punta los trenes se llenan y hace mucho calor, para alegría de los carteristas. Las líneas van numeradas, siguen un código de colores y cada estación tiene un logo. Los letreros que indican "Dirección Pantitlán", "Dirección Universidad", etc. se refieren a la última estación de la línea. Hay que mirar en un mapa en qué dirección se quiere viajar. Para hacer transbordo, hay que buscar los letreros de "Correspondencia". Cambiar a otra línea de metro no aumenta el coste del trayecto, que funciona con tarifa plana.

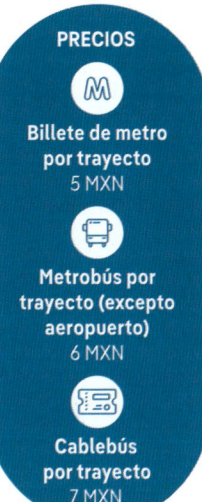

PRECIOS

Billete de metro por trayecto
5 MXN

Metrobús por trayecto (excepto aeropuerto)
6 MXN

Cablebús por trayecto
7 MXN

--- **VISTAS FANTÁSTICAS POR POCO DINERO** ---

La línea 3 del cablebús ofrece grandes vistas al bosque de Chapultepec por solo 7 MXN.

BILLETES

El precio se calcula por trayecto y es independiente de la distancia, zona u hora del día. Se puede hacer transbordo sin pasar por un torniquete.

	Sencillo
Metro	5 MXN
Metrobús	6 MXN
Metrobús desde el aeropuerto	30 MXN
Cablebús	7 MXN
Tren ligero	5 MXN

En el metro, los primeros dos vagones del tren están señalizados en rosa y se reservan para mujeres y menores de 12 años. Hay que buscar los letreros rosas en el andén con pictogramas de una mujer y de niños. No hay puertas interiores que los separen del resto del tren.

Otra cara de Ciudad de México

Algunas de sus atracciones más interesantes son de hecho los sonidos y símbolos presentes en casi cada barrio.

Fierro viejo: el chatarrero

Cualquiera que visite Ciudad de México se preguntará por ese camión del que sale una voz chillona. Se trata del chatarrero, toda una institución de la ciudad. La fórmula es la siguiente: tipos que conducen un camión por el barrio mientras suena en bucle la grabación de una voz femenina chillona anunciando que "se compran colchones, tambores, refrigeradores..." y demás fierro viejo (chatarra).

Otros sonidos callejeros

Durante el día, se oyen otros sonidos: la campana del basurero, el vendedor de gas que canta "¡gaaaas!" y la flauta del afilador de cuchillos, en bicicleta. De noche, otros vendedores en bicicleta anuncian "tamales" y hornos ambulantes silban al asar camotes (boniatos). Un sonido al que hay que atender es el de la alerta sísmica de la ciudad, que avisa de los terremotos. Suena a ciencia ficción y va acompañado de una voz que proclama "alerta sísmica".

Los logos del metro

Los iconos de las estaciones de metro se entienden sin importar el idioma, ya que fueron diseñados para los visitantes de los Juegos Olímpicos de 1968 por los diseñadores Arturo Quiñónez, Francisco Gallardo y Lance Wyman. Wyman se inspiró en los diseños prehispánicos del Museo Nacional de Antropología y en el arte óptico para crear un símbolo para cada estación. Los iconos tienen que ver con la zona o con la historia: Insurgentes y la campana de la independencia; Coyoacán y los coyotes; Pino Suárez y las ruinas descubiertas al hacer la estación...

FUERA DE RUTA

Visitar el hogar de Frida Kahlo y Diego Rivera en el **Museo Casa Estudio Diego Rivera y Frida Kahlo.** (p. 114)

Soltar un grito al ver las muñecas de la isla de las Muñecas, junto a los canales de **Xochimilco.** (p. 132)

Comprar pociones, amuletos, muñecos de vudú y otros artículos esotéricos en el **mercado de Sonora**. (p. 67)

Ver las momias de la cripta del **Museo de El Carmen,** en San Ángel. (p. 117)

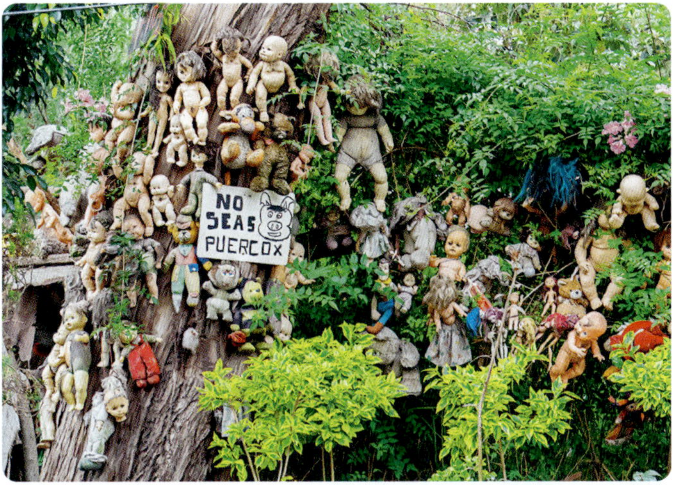

DOLEESI/SHUTTERSTOCK

Isla de las Muñecas (p. 133).

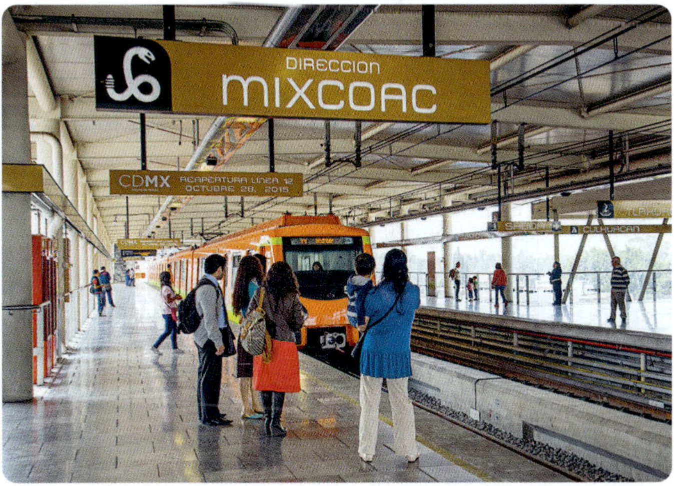

JOHN COLETTI/GETTY IMAGES

Estación de metro de Mixcoac, con su icono de la serpiente.

Explora Ciudad de México

Decoraciones del Día de la Independencia en el Zócalo (p. 47).
VICTOR SG/SHUTTERSTOCK

Sugerencias de lugares para comer, beber y comprar en **p. 50**

Explora
Centro Histórico

Atestado de magníficos edificios y museos, el Centro Histórico, Patrimonio Mundial de la Unesco, es el punto de partida obvio para empezar a explorar la capital. Su corazón es una enorme plaza, el Zócalo, donde ruinas prehispánicas, imponentes edificios virreinales y una magnífica catedral reflejan la dilatada historia de la ciudad. Es allí donde Diego Rivera y los otros "tres grandes" muralistas convirtieron el arte en la voz del pueblo para el pueblo. Su vida callejera y nocturna sigue evolucionando: hay nuevos museos, restaurantes y clubes que se trasladan a grandes mansiones renovadas, fomentando una revitalización constante.

Cómo desplazarse

A pie
Ideal para ir descubriendo los más de 1500 monumentos históricos y artísticos de la capital. Suele ser más rápido (y más interesante) ir a pie que tomar el metro una parada.

Metro
La parada Zócalo/Tenochtitlán está en el corazón del Centro. Allende está al oeste. Hay que cruzar la atestada calle Madero desde la parada de Bellas Artes o pasar los bares estudiantiles de la calle Regina desde la parada de Isabel la Católica.

 Autobús
La línea 4 de metrobús que viene del aeropuerto pasa por el Centro, pero ahora requiere un transbordo en la estación de San Lázaro.

LO MEJOR

VESTIGIOS AZTECAS
Templo Mayor (p. 40)

MURALISMO
Museo Vivo del Muralismo (p. 46)

VISTAS PANORÁMICAS
Torre Latinoamericana (p. 45)

PLAZA CON MÚSICA
Plaza Garibaldi (p. 48)

PUESTO DE TACOS
Los Cocuyos (p. 48)

Danzantes aztecas, plaza del Zócalo (p. 47).
CHAMELEONSEYE/SHUTTERSTOCK

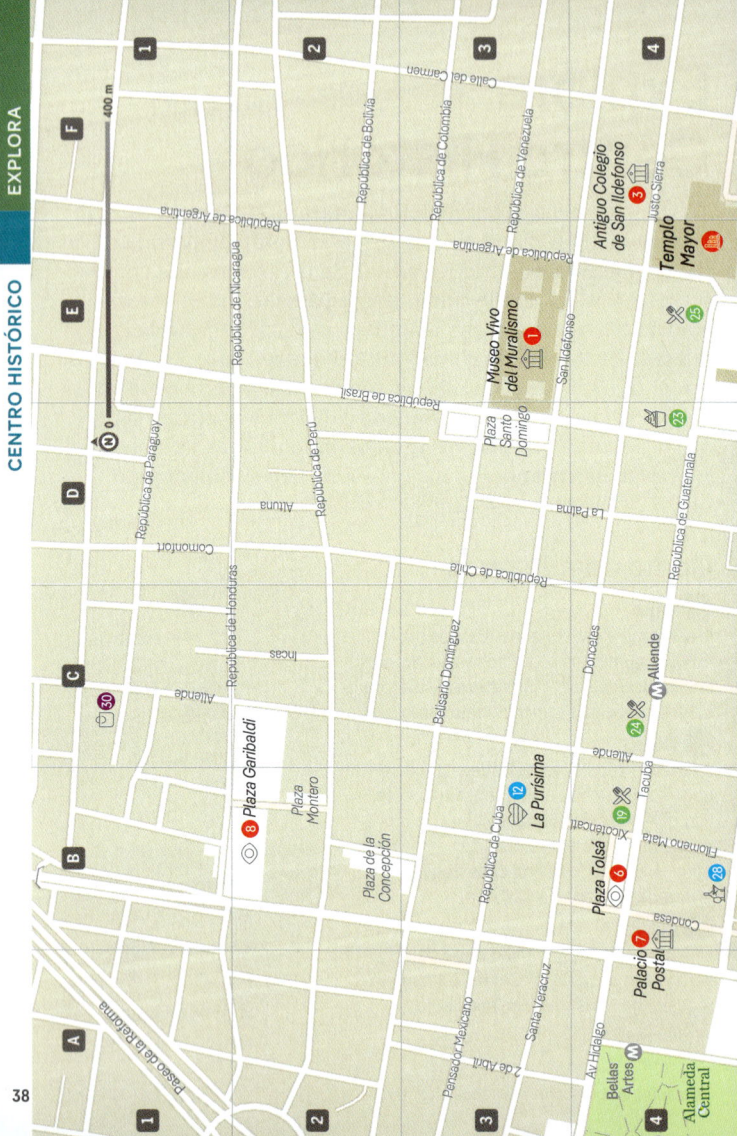

Museo Vivo del Muralismo ❶

Plaza Santo Domingo

Antiguo Colegio de San Ildefonso 🏛 ❸

Templo Mayor

Plaza Garibaldi ⊚ ❽

Plaza Montero

Plaza de la Concepción

La Purísima 🏛 ❶❷

Plaza Tolsá ⊚ ❻

Palacio Postal 🏛 ❼

Bellas Artes Ⓜ

Alameda Central

0 ⬤ 400 m

Calle del Carmen
República de Bolivia
República de Colombia
República de Venezuela
República de Argentina
República de Nicaragua
República de Brasil
República de Perú
Atizna
República de Chile
La Palma
República de Guatemala
Belisario Domínguez
Donceles
Tacuba
Xicoténcatl
República de Cuba
Filomeno Mata
Condesa
Santa Veracruz
2 de Abril
Av. Hidalgo
Pensador Mexicano
Paseo de la Reforma
República de Paraguay
Allende
República de Honduras
Incas
Comonfort
Aldna
San Ildefonso
Justo Sierra

Allende Ⓜ
Allende

❷❹ ❷❺ ❷❸ ❷❽ ❶❾ ❸⓪

Academia

La Soledad

Corregidora

Manzanares

Moneda

Licenciado Primo Verdad

Plaza Alonso García Bravo

Plaza del Templo Mayor

Palacio Nacional 2

Jardín del Palacio Nacional

Correo Mayor

República de Uruguay

República de El Salvador

Las Cruces

9

8

Catedral metropolitana

Pino Suárez

Zócalo

Zócalo 5

Suprema Corte de Justicia 4

Plaza de Jesús

Misiones

Regina

Pino Suárez

Av 20 de Noviembre

Av 5 de Mayo

Monte de Piedad

Av 16 de Septiembre

Calle 5 de Febrero

Palma

20

14

18

13

22

16

Isabel La Católica

31

26

17

Motolinía

Av Madero

27

CENTRO HISTÓRICO

Bolívar

Pasaje de Iturbide

Av 16 de Septiembre

República de Uruguay

República de El Salvador

Los Cocuyos

11

Misiones

Regina

29

San Jerónimo

Isabel La Católica

Bolívar

Mata

Casa de los Azulejos 10

Av Juárez

López

Independencia

Artículo 123

BARRIO CHINO

Gante

Venustiano Carranza

Eje Central Lázaro Cárdenas

21

San Juan de Letrán

Ayuntamiento

Aldaco

Vizcaínas

Maave

República de Uruguay

República de El Salvador

Más información

Imprescindible	p. 40
Experiencias	p. 46
Comer	p. 50
Beber	p. 51
Comprar	p. 51

★ **IMPRESCINDIBLE**

Templo Mayor

Los fascinantes **restos del templo** están en el lugar exacto donde los aztecas vieron su águila posada sobre un nopal devorando una serpiente. Para los aztecas, allí se encontraba el centro del universo, y visitarlo permite familiarizarse con esta civilización perdida.

PLANO: P. 38 **E4**

CONSEJO

Gran parte de las ruinas está al aire libre, así que conviene vestirse adecuadamente para el sol o el frío. No se puede entrar con bebidas, incluida el agua.

Escanea este código QR para precios y horarios.

Destrucción y redescubrimiento

Antes de que los españoles lo arrasaran, el *teocali* de Tenochtitlán ocupaba el lugar donde hoy se alza la catedral, así como las manzanas del norte y el este. En 1978, cuando unos electricistas dieron por casualidad con un disco de piedra de ocho toneladas con tallas de la diosa Coyolxauhqui, se decidió demoler varios edificios coloniales para excavar los restos del templo.

Santuarios y pirámides

El templo se amplió varias veces, y cada una iba acompañada del sacrificio de guerreros apresados. Se ven secciones dispares de las siete etapas del templo. La plataforma del centro data de 1400. En la mitad norte hay un *chac mool* (figura reclinada de origen maya) y un santuario a Tláloc, dios de la lluvia. En la mitad sur, hay un altar para sacrificios frente al santuario de Huitzilopochtli, el dios de la guerra. Cuando llegaron los españoles, allí se erigía una pirámide doble de 40 m de altura, con escaleras gemelas que ascendían a los santuarios de las dos divinidades. Durante décadas, los arqueólogos han buscado las tumbas reales dedicadas a Huitzilopochtli, mencionadas en las crónicas de los conquistadores, pero nunca halladas. Desde el 2019 se han descubierto sepulturas, como la de un joven vestido de Huitzilopochtli, y 160 estrellas de mar como ofrendas.

SHEE HENG CHONG/SHUTTERSTOCK

Tesoros aztecas

El **Museo del Templo Mayor** (incluido en la entrada al yacimiento) alberga una maqueta de Tenochtitlán y piezas del yacimiento, y permite hacerse una idea de la civilización azteca. Destaca la gran piedra circular de Coyolxauhqui ("la adornada con cascabeles"), que se ve mejor desde el piso superior. Aparece decapitada, pues su hermano Huitzilopochtli ("el colibrí izquierdo", dios de la guerra, del sol y de los sacrificios humanos) la descuartizó, al igual que a sus 400 hermanos, para convertirse en el dios supremo. También destacan las esculturas de Tlaltecuhtli, diosa de la fertilidad, en la 1ª planta, y de Xipe Tótec, deidad en cuyo honor se hacían sacrificios humanos.

UNA PAUSA
Se puede hacer una pausa subiendo a la terraza de la elegante **La Casa de las Sirenas** y degustar platos tradicionales con vistas al Templo Mayor y la catedral metropolitana.

Catedral metropolitana

El edificio de la **catedral** es uno de los más emblemáticos de la ciudad, con 109 m de longitud, 59 m de ancho y 65 m de alto. Se empezó a construir en 1573 y estuvo en obras durante todo el virreinato, por lo que es todo un catálogo de estilos arquitectónicos. Los conquistadores la construyeron sobre el Templo Mayor y usaron piedras del templo azteca en señal de dominio.

PLANO: P. 39 **E5**

CONSEJO

Se puede visitar sin restricciones, excepto durante las misas. Se puede subir al campanario *(10.40 a 19.00; circuito 20 MXN)* para ver la vista panorámica.

Escanea este código QR para horarios de apertura y de las misas.

Diseño en capas

Su arquitecto original, Claudio Arciniega, se inspiró en la catedral de Sevilla, de siete naves, pero debido a la esponjosidad del terreno redujo el diseño a cinco naves. Los portales barrocos del s. XVII que dan al Zócalo tienen dos niveles de columnas y paneles de mármol con bajorrelieves. El panel central muestra la Asunción de la Virgen María, a quien está dedicada la catedral. La parte superior de las torres, en forma de campana, se añadió a finales del s. XVIII. El exterior se completó en 1813, cuando el arquitecto Manuel Tolsá añadió la torre del reloj, coronada con estatuas de las santas Fe, Esperanza y Caridad, y una gran cúpula central.

Altar del Perdón

Lo primero que llama la atención al entrar es el elaborado **altar del Perdón.** La figura de la derecha es el Señor del Veneno. Cuenta la leyenda que la oscura imagen del Cristo obtuvo su color al absorber milagrosamente una dosis de veneno de los labios de un clérigo intoxicado por un enemigo. El altar se concibió para representar el tema católico de la redención y ser un lugar en el que buscar el perdón.

KAMIRA/SHUTTERSTOCK

Se pide un donativo para entrar a la Sacristía Mayor *(14.00 a 16.45)*, la parte más antigua de la catedral, y a la cripta *(11.00 a 17.00, ju cerrado)*, donde hay guías que comentan la visita.

Altar de los Reyes

El principal tesoro artístico de la catedral es el dorado **altar de los Reyes** (s. XVIII), tras el altar principal. Catorce capillas profusamente decoradas flanquean los laterales de la nave y ofrecen un espacio sereno para la reflexión. Las sillerías del coro, en la nave central, tienen ricas tallas de Juan de Rojas de finales del s. XVII, y enormes paneles pintados por los maestros Juan Correa y Cristóbal de Villalpando cubren los muros de la sacristía, el primer elemento de la catedral en terminarse.

UNA PAUSA
La terraza del bar-cafetería de la azotea del **Centro Cultural de España** ofrece vistas a la catedral de día y de noche.

 **CIRCUITO A PIE**

Paseo por el Centro Histórico

Nada mejor que un paseo para apreciar la dilatada historia del Centro Histórico. Recorrer sus calles adoquinadas permite admirar parte de sus 1500 monumentos artísticos e históricos, que incluyen templos aztecas y una oficina de correos cubierta de oro, y disfrutar de vistas a la ciudad.

INICIO	FINAL	DURACIÓN
Ex Teresa Arte Actual	Torre Latinoamericana	1,6 km; 2 h

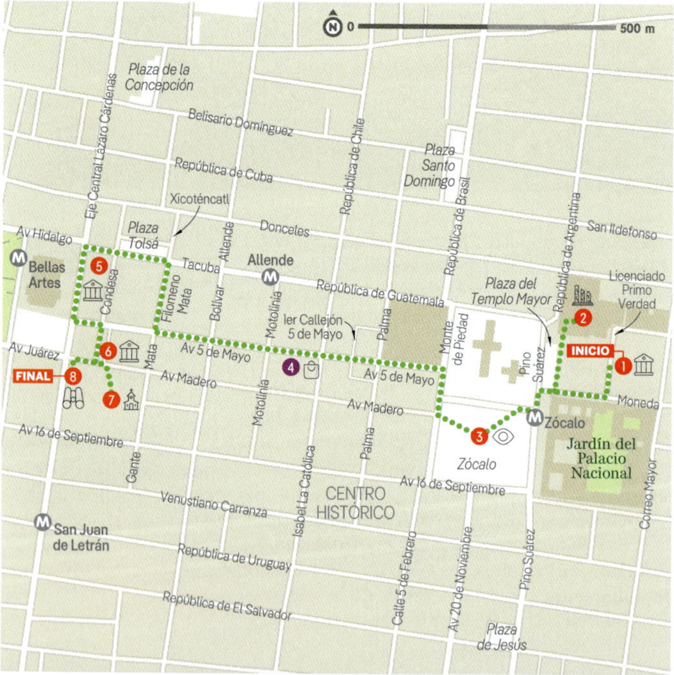

1 Hundimiento de la ciudad

El punto de partida es el edificio inclinado del s. XVII de **Ex Teresa Arte Actual,** que permite apreciar el hundimiento de la ciudad. Este antiguo convento de cúpula doble es hoy un museo de artes escénicas.

2 Ruinas en un templo azteca

Rumbo hacia el oeste, antes de entrar al Zócalo, se gira a la derecha y se cruza la animada plaza del Templo Mayor. Desde el puente de cristal se ve gran parte del exterior de las ruinas del **Templo Mayor** sin necesidad de entrar.

3 Imaginar las raíces aztecas

Hacia el suroeste por el **Zócalo,** se para para apreciar cómo los edificios de la plaza se erigieron sobre templos aztecas. Algunos edificios de la época virreinal se construyeron con materiales de las ruinas prehispánicas. El tamaño del Zócalo es asombroso: 220 x 240 m, la mayor plaza urbana del mundo.

4 La artesanía más dulce

Se sale del Zócalo por la avenida 5 de Mayo y se va a la **Dulcería de Celaya,** abierta desde 1874. Destaca el letrero de vitral *art nouveau* y la ornamentación del interior. Los dulces incluyen frutas confitadas y limones rellenos de coco.

5 Oficina de correos de oro

El **Palacio Postal** (1907) es la oficina de correos central. Su estilo italiano es del arquitecto original del Palacio de Bellas Artes, Adamo Boari, pero también tiene toques *art nouveau, art déco,* rococó, neo-clásicos y moriscos.

6 Un mural escondido

Hacia el sur, se llega a la animada avenida Madero y a la **casa de los Azulejos,** un edificio de 1596 deco-rado con azulejos azules que acoge unos grandes almacenes. Si se sube por la escalera de atrás, se verá un mural de Orozco y el restaurante al estilo de la década de 1950.

7 Arte monástico

Se cruza la avenida Madero hasta el **templo de San Francisco,** lo que queda de un monasterio del s. XVI construido sobre el zoológico privado de Moctezuma. Se puede admirar su pórtico de ricas tallas, gran ejemplo del barroco del s. XVIII. En el atrio contiguo hay ex-posiciones de arte gratuitas al aire libre de, por ejemplo, esculturas del Día de Muertos.

8 Ver la ciudad desde lo alto

Desde el mirador de la **Torre Latinoamericana** se aprecia la extensión del valle donde se asienta la capital mexicana. Se puede salir y volver a entrar para ver la espec-tacular puesta de sol.

EXPERIENCIAS

Aproximación a Diego Rivera en el Museo Vivo
MUSEO

PLANO: ❶ P. 38 **E3**

Diego Rivera pintó murales en edificios públicos para poner el arte al alcance de todos. Los del **Museo Vivo del Muralismo** (*museovivodelmuralismo.sep. gob.mx; gratis*) están en salas al aire libre que bordean las oficinas del Departamento de Educación. Los dos patios delanteros acogen 120 frescos pintados por Rivera en la década de 1920 y forman un cuadro de "la verdadera vida del pueblo", según el propio Rivera. Cada sección tiene un tema: el patio oriental trata del trabajo, la industria y la agricultura; el interior, de tradiciones y fiestas. El nivel superior de este último plasma la revolución proletaria y agraria, con una pancarta roja con versos de un corrido mexicano.

Frida Kahlo aparece como una trabajadora de un arsenal en el primer panel y *La cena capitalista* es un canto a mayor gloria del marxismo. Las salas más recientes del museo son un tributo a las tradiciones mexicanas y a la historia de los murales.

Ver crónicas indígenas en el Palacio Nacional
PALACIO

PLANO: ❷ P. 38 **E5**

Se pueden explorar más murales revolucionarios dentro del grandioso **Palacio Nacional** (*mexicocity.cdmx.gob.mx/venues/ national-palace; gratis*). Los murales que pintó Rivera entre 1929 y 1951 muestran su versión de la historia de México desde la llegada de Quetzalcóatl (el dios azteca representado como una serpiente emplumada) hasta el período posrevolucionario. Los nueve murales que cubren los muros del lado norte y este del primer piso sobre el patio relatan la vida prehispánica. El palacio es la sede de la Presidencia de México, por lo que se requiere un documento de identidad físico para entrar.

 EL PROTAGONISTA ES EL MEZCAL

Originario de las localidades humildes de Oaxaca, el mezcal está viviendo un momento dulce dentro y fuera de México. Lo que antaño se consideraba una bebida de obreros, se ha convertido en un trago que se degusta en las mezcalerías *gourmet* del centro, las partes más a la última de la capital y en el extranjero. El mezcal es una bebida artesana y compleja de sabor ahumado, especiado y algo más verde que el tequila. Sus admiradores lo consideran un licor puro que nunca traiciona con una resaca al día siguiente. Pasa bien y permite conservar cierta lucidez (al menos mientras se esté sentado...).

Conocer a los 'tres grandes' muralistas en San Ildefonso
MUSEO

PLANO: ③ P. 38 **F4**

Los "tres grandes" del muralismo mexicano fueron Diego Rivera, José Clemente Orozco y David Alfaro Siqueiros. Pintaron murales en espacios públicos para que todos los mexicanos los pudieran ver. Una de las ubicaciones más espectaculares es el **Antiguo Colegio de San Ildefonso** (*sanildefonso.org. mx; adultos/niños 50 MXN/gratis*), en el que los tres pintaron en la década de 1920. Casi todas las obras del patio principal son de Orozco, como el retrato de Hernán Cortés y su concubina, la Malinche, bajo la escalera. El anfiteatro, junto al vestíbulo, acoge el primer mural de Rivera, *La creación,* que comenzó al regresar de Europa en 1923. El antiguo colegio jesuita, construido en el s. XVI, acoge también exposiciones de arte temporales.

Juzgar los murales del Tribunal Supremo
ARTE PÚBLICO

PLANO: ④ P. 38 **E6**

Para los muralistas mexicanos, los conceptos de justicia, ley y privilegio fueron temas en tensión constante. Al sureste del Zócalo, Orozco, uno de los "tres grandes", pintó cuatro paneles sobre la justicia en México en torno a la escalera central de la **Suprema Corte de Justicia** (*scjn.gob.mx; gratis*).

Una versión hiperrealista del terrorismo de Estado es la que pintó Rafael Cauduro, natural de Ciudad de México, que ocupa tres niveles de la escalera en el suroeste del edificio. En el lado sureste del interior, *La búsqueda de la justicia,* de Ismael Ramos Huitrón, reflexiona sobre la lucha del pueblo mexicano por la justicia, al igual que la obra social realista *La justicia,* del artista japonés-mexicano Luis Nishizawa, en la escalera del lado noroeste.

Ver danzas aztecas en el Zócalo
PLAZA

Unos danzantes aztecas bailan a diario en el **Zócalo** (PLANO: ⑤ P. 38 **E5**), con taparrabos de piel de serpiente y tobilleras de conchas. Sus cantos y tambores evocan el mitote, una ceremonia azteca prehispánica que se celebraba en época de cosecha.

También hay bailarines varias manzanas al oeste, cerca de la Alameda Central, en la **plaza Tolsá** (PLANO: ⑥ P. 38 **B4**) los sábados a las 17.00. A diferencia de los del Zócalo, estos no llevan plumas ni trajes elaborados, sino que es una invocación a los elementos para honrar al mundo natural.

Admirar el resplandor del Palacio Postal
EDIFICIO HISTÓRICO

PLANO: ⑦ P. 38 **B4**

El dorado edificio del **Palacio Postal** (*gratis*) es algo más que la oficina central de correos. Es una obra de 1907 en estilo italiano diseñada por el creador del Palacio de Bellas Artes, Adamo Boari, e incorpora elementos *art nouveau, art déco,* rococó, neoclásicos y moriscos. La fachada de piedra, de color beis, presenta columnas barrocas y filigranas en torno a las ventanas. Las barandillas de bronce de la escalera monumental del interior se forjaron en Florencia. En el pequeño Museo Postal de la 1ª planta se puede ver el primer sello emitido en México.

Escuchar una serenata mariachi
PLAZA

PLANO: **8** P. 38 **B2**

Cada atardecer, los mariachis cantan a todo pulmón sentidas baladas en la festiva **plaza Garibaldi** *(canción 130-150 MXN).* Con sus trajes charros, improvisan escalas en la trompeta y afinan la guitarra hasta que alguien dispuesto a pagar por un tema se les acerca. Conviene asegurarse de que los restaurantes no incluyan en la cuenta cargos adicionales y hay que evitar sacar dinero en los cajeros de la plaza. Las canciones de otras personas se pueden escuchar desde los laterales sin tener que sentarse en los restaurantes.

Compras en el mercado de la Merced
MERCADO

PLANO: **9** P. 38 **F8**

El **mercado de la Merced** es el mayor de la ciudad. En sus cuatro manzanas se compra y se vende de todo a precios muy bajos. Tiene vistosos puestos de especias, chiles y de todos los ingredientes imaginables, desde larvas de hormiga a fruta confitada. La zona de dulces es muy popular, con caramelos típicos de todas las regiones. Hay puestos de comida con todo tipo de tacos, mole y tlacoyos (tortillas gruesas con rellenos variados).

Maravillarse ante la fachada de la casa de los Azulejos
EDIFICIO HISTÓRICO

PLANO: **10** P. 38 **B5**

Cual faro en el corredor peatonal del Centro Histórico, centellean los relucientes azulejos blancos y azules de la extravagante **casa de los Azulejos** *(gratis; 7.00-1.00).* Se construyó en 1596, aunque el revestimiento cerámico fue idea de los condes del Valle de Orizaba a finales del s. XVIII. Casi todos los azulejos de la fachada se fabricaron en China y se llevaron a México en el Galeón de Manila. La escalera tiene un mural de José Clemente Orozco de 1925; se puede subir para verlo. El restaurante Sanborns sirve platos mexicanos económicos a pesar de la impresión de lujo que dan el patio y la fuente morisca.

Comer los famosos tacos de Los Cocuyos
TACOS

PLANO: **11** P. 38 **B7**

Hay tacos de suadero por toda la capital, pero los de **Los Cocuyos,** siempre abierto, son de los mejores de la ciudad. El aroma a carne indica el camino a seguir. Se recomiendan los deliciosos tacos campechanos (de ternera y salchicha) o, para los más atrevidos, los de ojo o su especialidad, los tacos de lengua. Para los vegetarianos, hay nopales (aunque se cocinan en la misma plancha que la carne). Suele haber cola, pero merece la pena la espera. Al haber mucha gente y pocos taburetes de plástico, iniciar conversaciones con los lugareños es facilísimo.

Visitar los altares del Día de Muertos

FESTIVAL

Antes del **Día de Muertos** (p. 27), el gran Desfile del Día de Muertos reúne a más de 1000 artistas, bailarines y marionetas de calaveras gigantes desde el bosque de Chapultepec por los 8 km del paseo de la Reforma, decorado con calaveras gigantes, hasta terminar en el Zócalo. Cientos de familias se congregan para verlo y para admirar los altares de la **Megaofrenda** *(gratis)* en el Zócalo. Los visitantes son parte del espectáculo, con disfraces –triunfa el de La Catrina– y hombres con traje y maquillaje de calavera.

Muchos museos montan un altar que se puede visitar. Destacan los de la plaza Santo Domingo. En el sitio web gubernamental *(mexicocity.cdmx.gob.mx)* se puede consultar el programa.

De fiesta por los locales LGTBIQ+ del centro

VIDA NOCTURNA

PLANO: **12** P. 38 **B3**

La Zona Rosa no es la única joya LGTBIQ+ de la capital. En el extremo de la calle República de Cuba que da a la Alameda Central se concentran varios locales LGTBIQ+. La Puri, como llaman los habituales a **La Purísima,** es legendaria. Con una mezcla de *kitsch* y cabaret en la planta de arriba, y estética pop en la de abajo, siempre está llena de gente. Las horas de cola para poder entrar son igual de famosas. Conviene llegar antes de las 21.00 para entrar rápido, aunque charlar en la cola es parte de la experiencia y no se anima hasta pasadas las 23.00.

 HORARIOS DE LOS MUSEOS LOS LUNES

En la capital, casi todos los museos y monumentos de pago cierran los lunes, incluidos puntos de interés del centro como el Templo Mayor, el Palacio Nacional y el Antiguo Colegio de San Ildefonso. También cierran los lunes el Museo Nacional de Antropología, el Palacio de Bellas Artes, el bosque de Chapultepec y la Casa Azul de Frida Kahlo. Sí abren los lunes la catedral metropolitana y el Museo Vivo del Muralismo; en el resto de la ciudad, Soumaya, Papalote y el Museo del Estanquillo abren también los lunes, así como las pirámides de Teotihuacán, fuera de la capital.

Lo mejor para...

⑤ Económico   **⑤⑤** Medio   **⑤⑤⑤** Alto

Localizaciones en el plano de la **p. 38**

Comer

Tacos

Los Cocuyos ⑤

véase

Los tacos de suadero (ternera) abundan en toda la capital, pero este puesto siempre abierto es el mejor. Hay que hacer cola frente al caldero de carne humeante y optar por el taco campechano (ternera y salchicha). *24 h*

El Flaco ⑤

13 D6

El menú de este pequeño restaurante no ha cambiado desde que la familia lo inauguró hace más de 50 años. Destacan sus tacos de canasta (hechos al vapor en unas cestas). *9.00-21.00*

Desayuno y 'brunch'

Café El Popular ⑤

14 D5

Pastas, café con leche y platos combinados son las principales atracciones de sus reservados. *24 h*

Ojo de Agua ⑤⑤

15 D6

Cafetería con estilo que sirve *brunches* con tendencias vegetarianas en un hotel tranquilo, además de zumos, boles de açaí y sus famosos chilaquiles con o sin huevo. *8.00-20.00*

Café La Blanca ⑤

16 C5

Sirve contundentes chilaquiles y café con leche desde 1915, ya sea para desayunar o como almuerzo tardío. *7.30-20.00, hasta 21.00 vi y sa*

Vegetariana y vegana

Terra-Nostra ⑤⑤

17 C5

Restaurante tradicional con un variado bufé libre de platos mexicanos y ensaladas. *10.00-18.00*

India Town ⑤⑤

18 D6

Curris y *thalis* vegetarianos auténticamente indios que nunca fallan al sureste del Zócalo. También hay tentempiés y *lassi* de mango. *12.30-17.00 sa y do, hasta 21.00 lu-vi*

Mexicanos donde darse un homenaje

Azul Histórico ⑤⑤⑤

véase **31**

El chef Ricardo Muñoz reinventa recetas tradicionales mexicanas como el pescado *tikin xic* (típico de Yucatán, con plátano) en un patio interior elegante entre árboles y arcos de piedra. *9.00-12.00 y 13.00-23.00*

Los Girasoles ⑤⑤⑤

19 B4

Con vistas a la plaza Tolsá, ofrece una gran variedad de platos típicos, desde escamoles (larvas de hormigas) a huachinango con flores de huauzontle (brócoli azteca). *9.00-22.00 lu-sa, hasta 21.00 do*

El Cardenal ⑤⑤⑤

20 D5

En este restaurante en una mansión de aire parisino hay que probar el desayuno mexicano, como las croquetas de flor de calabacín con queso fresco. Para el almuerzo, la especialidad es el pecho de ternera al horno. *8.00-18.30*

Dulces

Churrería El Moro Centro

A6

En el primer local (1939) de estas churrerías sirven excelentes churros con chocolate. *24 h*

Pastelería Madrid

D7

Pastelería tradicional con gran surtido de pastas mexicanas. Se recomienda la concha, un bollo glaseado que puede ir relleno de nata. *7.30-21.30*

Helados Hope

D4

Carro de helados artesanos con opciones veganas y sabores naturales como guayaba y *chai latte*. *12.00-19.00 mi-lu*

Ambiente del Viejo Mundo

Café de Tacuba

C4

Este emblemático local mexicano sirve antojitos desde 1912. Las animadas estudiantinas (parecidas a las tunas de España) entretienen a los comensales. *8.00-10.30*

La Casa de las Sirenas

E4

En un edificio del s. xvii con una terraza que da al Zócalo, sirve platos regionales con un aire

contemporáneo, como el pollo con mole de semillas de calabaza. *12.00-23.00 lu-sa, hasta 19.00 do*

Casino Español

C5

Centro social español en un fabuloso edificio del porfiriato. Arriba hay un restaurante elegante donde se sirve paella. *8.00-18.00*

Beber

Coctelerías

Downtown Hotel Terraza Bar

véase

Bar de azotea en un hotel-*boutique*, perfecto para relajarse con una copa al atardecer. A veces hay fiesta en la piscina. *Horario variable*

Nardo Cocktail Club

véase

Bar-galería que sirve un cóctel de nopal llamado "águila y sol". *16.00-2.00 ju-do, hasta 24.00 lu-mi*

Cantinas y bares con ambiente

La Faena

C6

Toda una reliquia, aúna bar y museo de la tauromaquia. La cerveza a buen precio atrae a clien-

tela joven. *11.00-23.00 lu-ju, 10.00-23.30 vi-do*

Bar La Ópera

B4

Con reservados oscuros y supuestas marcas de bala de Pancho Villa, este bar de finales del s. xix rebosa tradición. *13.00-24.00 lu-sa, hasta 18.00 do*

Hostería La Bota

C8

Cerveza, cócteles de mezcal, tapas y una *pizza* deliciosamente aceitosa entre parafernalia taurina. *13.00-23.00 do-ju, hasta 1.00 vi y sa*

Comprar

Recuerdos y regalos

Galería Eugenio

C1

Más de 4000 máscaras tradicionales de madera y arcilla de artesanos de todo el país. Precios a partir de 800 MXN. *11.00-17.00 lu-vi, hasta 15.00 sa*

Plaza Downtown Mexico

C5

Las tiendas que rodean el patio del bonito edificio virreinal venden artesanía, cerámica, chocolate y ropa. *9.00-22.00*

⭐ **MERECE LA PENA**

Basílica de Guadalupe

El culto en la **basílica de Guadalupe** surgió cuando un converso al cristianismo afirmó que se le había aparecido la Virgen María en 1531. Visitarla permite conocer el fervor religioso y la identidad cultural mexicana. Su imponente arquitectura y el flujo de peregrinos, a pie o de rodillas, resultan fascinantes.

CÓMO LLEGAR
Hay misas cada hora. Hay que descubrirse la cabeza para entrar en las iglesias. En la parte posterior de la Antigua Basílica hay obras de arte sobre la aparición.

Escanea este código QR para horarios de apertura y misas.

La Virgen María indígena

Se dice que en 1531 la Virgen María se le apareció tan a menudo a Juan Diego que su imagen quedó grabada milagrosamente en su ropa. Esto hizo que un obispo creyera su relato y construyera un templo dedicado a la Virgen, y su representación con rasgos indígenas contribuyó a la aceptación del catolicismo entre los pueblos indígenas.

En 1737, se nombró a la Virgen patrona de México con la oposición de una parte de la Iglesia, que consideraba que la Virgen se presentaba como una versión cristianizada de la diosa azteca Tonantzin. En el 2002, Juan Diego fue canonizado por el papa Juan Pablo II.

La antigua y la nueva basílica

Hacia el año 1700 se erigió la basílica de Guadalupe en la sede de un antiguo santuario para alojar a los fieles. En la década de 1970, el antiguo edificio de cúpula amarilla (ahora llamado la Antigua Basílica) se quedó pequeño y se construyó la nueva **basílica de Nuestra Señora de Guadalupe,** de cubierta azul, al lado. Este enorme edificio redondo, diseñado por Pedro Ramírez Vázquez, acoge a más de 40 000 personas. La **imagen de la Virgen** (foto), con un manto verde de ribete dorado, se alza tras el altar mayor, donde unas pasarelas llevan a los visitantes hasta ella.

CEZARY WOJTKOWSKI/SHUTTERSTOCK

Templo del Pocito

La parte posterior de la Antigua Basílica es
hoy el **Museo de la Basílica de Guadalupe,**
donde pueden verse obras de arte colonial que
representan la aparición. Detrás de la Antigua
Basílica, unas escaleras suben a la **capilla del
Cerrito,** donde Juan Diego tuvo la visión, y
descienden por el lado este de la colina hasta el
parque de la Ofrenda, con jardines y cascadas
en torno a una escultura de la aparición. Más abajo,
el **templo del Pocito** es una estructura circular
barroca con tres cúpulas construida en 1787 para
conmemorar el nacimiento milagroso de un
manantial en el lugar de la aparición de la Virgen.
Desde allí, la ruta vuelve a la plaza principal, junto
a la **Antigua Parroquia de Indios,** del s. XVII.

UNA PAUSA
La actividad
es frenética
dentro y fuera
del complejo.
En el **parque de
la Ofrenda** se
puede descansar
entre jardines
y cascadas.

Sugerencias de lugares para comer, beber y comprar en **p. 66**

Explora
Alameda Central

Este parque rectangular al noroeste del Centro Histórico, imagen emblemática de la ciudad, ocupa un lugar fundamental en la vida cultural de la ciudad. Se convirtió en un parque en 1592, por lo que es el parque público más antiguo de las Américas. Gran parte de los alrededores, con abundantes edificios históricos, quedó destruida en el terremoto de 1985, pero en la última década se ha revitalizado con ambición gracias a la apertura de bares y restaurantes. Hoy, el Palacio de Bellas Artes domina el lado oriental de la Alameda Central. Al sur se encuentran buenos restaurantes de gama media y el Barrio Chino, y el oeste lleva al paseo de la Reforma y al monumento a la Revolución.

Cómo desplazarse

Ⓜ Metro
Las paradas de Bellas Artes e Hidalgo están al este y al oeste de la Alameda Central, respectivamente.

🚌 Autobús
La línea 7 del metrobús (parada Campo Marte) pasa por el monumento a la Revolución (parada Estela de Luz) en dirección a Chapultepec. La línea 1 (parada Hidalgo) conecta con el Jardín Pushkin, en Roma.

🚶 A pie
La mejor forma de explorar la zona es a pie, aunque por las noches las calles secundarias pueden quedarse vacías y dar sensación de inseguridad. Se puede caminar hasta el monumento a la Revolución por el ajetreado paseo de la Reforma.

Hemiciclo a Juárez (p. 63).
CHAMELEONSEYE/SHUTTERSTOCK

LO MEJOR

ARQUITECTURA MONUMENTAL
Palacio de Bellas Artes (p. 58)

CULTURA MEXICANA
Museo de Arte Popular (p. 60)

ZONA VERDE
Alameda Central (p. 63)

ACTIVIDAD AL AIRE LIBRE
Plaza del Danzón (p. 65)

BAR DE MODA
Bósforo (p. 67)

Puente de Alvarado
Av Hidalgo

A **B** **C** **D**

N 0 ————————— 400 m

1
Édison
Arriaga
Ramos Arispe
Plaza Buenavista
Empalán
Mariscal
Vadillo
Teide
Plaza de la República
Alcázar
Baranda
Édison
Rosales

Monumento
a la Revolución **2**
Plaza de la
República
12
Av de la República
Loteria
Puerto
1808
Av Juárez

2
Ramírez
Lafragua
Paseo de la Reforma
Bucareli
Iturbide
Humboldt

3
Guerra
8
ALAMEDA
CENTRAL
Av Morelos
Bucareli (Eje 1 Poniente)
Av Morelos

4
Atenas
Atenas
Ayuntamiento
Centro de Artesanías
La Ciudadela
5

Dondé
Plaza del Danzón **6**
Plaza
José María
Morelos

5
Versalles
Abraham González
Gral Prim
Lucerna
Bucareli (Eje 1 Poniente)
Tresguerras
Enrico Martínez
Balderas

15
6
Totsá
Balderas

Más información

Imprescindible ⭐ p. 58
Experiencias 🎭 p. 64
Comer ✖ p. 66
Beber 🍷 p. 67
Comprar 🛍 p. 67

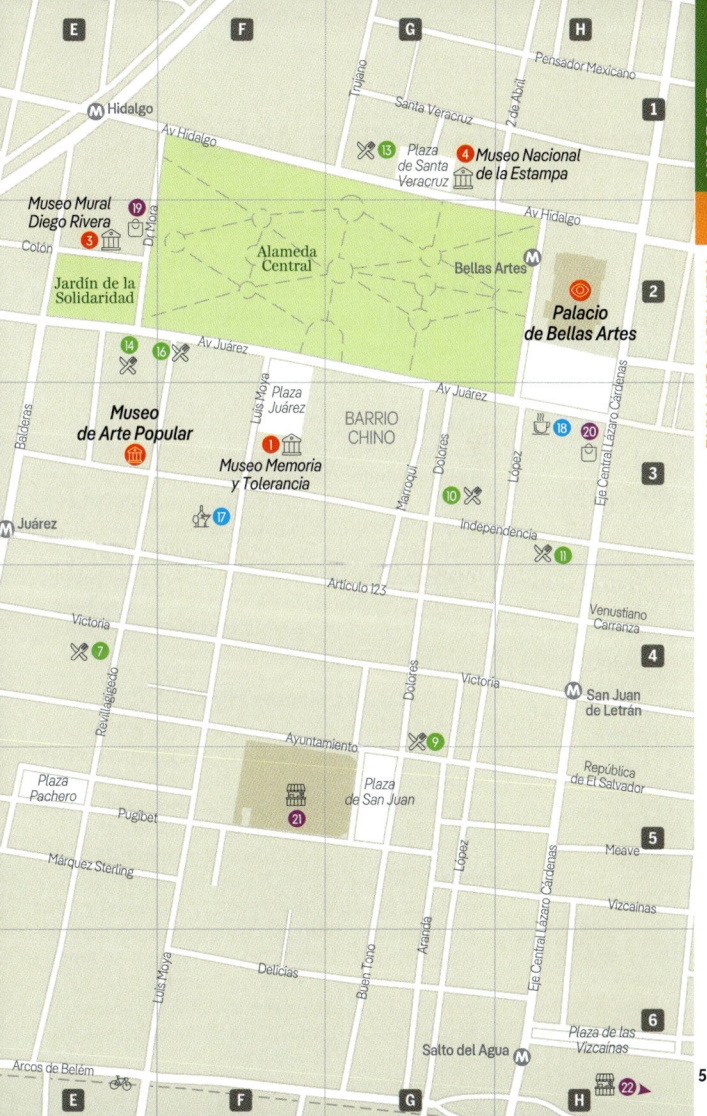

E   F   G   H

Pensador Mexicano

M Hidalgo

Trujano

Santa Veracruz

2 de Abril

1

Av Hidalgo

13   Plaza
de Santa   4   **Museo Nacional**
Veracruz   **de la Estampa**

Av Hidalgo

**Museo Mural
Diego Rivera**   19

Dr. Mora

Colón

3

Alameda
Central

Bellas Artes   M

**Jardín de la
Solidaridad**

Palacio
de Bellas Artes

2

**Palacio
de Bellas Artes**

Balderas

14   16

Av Juárez

Av Juárez

Luis Moya

Plaza
Juárez

BARRIO
CHINO

Av Juárez

Eje Central Lázaro Cárdenas

18   20

**Museo
de Arte Popular**   1

Marroquí

Dolores

López

3

**Museo Memoria
y Tolerancia**

10

M Juárez

17

Independencia

11

Artículo 123

Venustiano
Carranza

Victoria

7

Dolores

Victoria

4

M San Juan
de Letrán

Ayuntamiento

9

República
de El Salvador

Plaza
Pachero

21

Plaza
de San Juan

López

Meave

Pugibet

Márquez Sterling

Aranda

Vizcaínas

Luis Moya

Deliciás

Buen Tono

Eje Central Lázaro Cárdenas

6

Plaza de las
Vizcaínas

Arcos de Belém

Salto del Agua   M

22

E   F   G   H

★ **IMPRESCINDIBLE**

Palacio de Bellas Artes

Este espléndido **palacio** de mármol exhibe una ostentosa fachada *art nouveau* con un interior de estilo *art déco* igual de fabuloso. Subiendo las escaleras, se accede a planta tras planta de emblemáticos murales de importantes artistas mexicanos hasta llegar a un teatro con decoración de vitral donde se programan danzas folclóricas.

PLANO: P. 56 **H2**

CONSEJO
Se recomienda consultar qué exposiciones hay durante todo el año. Las noches de invierno hay proyecciones multimedia sobre la fachada del edificio *(filux.info).*

Escanea este código QR para precios y horarios.

Historia
Este auditorio y centro de arte fue un encargo del presidente Porfirio Díaz. Se empezó a construir en 1905 y es obra del arquitecto italiano Adamo Boari en estilo neoclásico y *art nouveau.* Surgieron complicaciones cuando la pesada carcasa de mármol empezó a hundirse en el poroso terreno, y con la llegada de la Revolución. En la década de 1930 el arquitecto Federico Mariscal terminó el interior en estilo *art déco,* más moderno.

Murales de las plantas 2ª y 3ª
En la 2ª planta hay dos obras de principios de la década de 1950 del pintor de ascendencia zapoteca Rufino Tamayo: *México de hoy* y *Nacimiento de nuestra nacionalidad,* una representación simbólica de la creación de la identidad mestiza.

En el extremo oeste de la 3ª planta está la famosa obra de Diego Rivera *El hombre en el cruce de caminos,* encargada originalmente para el Rockefeller Center de Nueva York. La familia Rockefeller se deshizo del original por su temática anticapitalista, pero Rivera lo recreó en el palacio en 1934. En el extremo norte está la obra en tres partes de David Alfaro Siqueiros *La nueva*

VICTOR SG/SHUTTERSTOCK

democracia y la obra en cuatro partes de Rivera *Carnaval de la vida mexicana*. En el este, está *La katharsis,* de José Clemente Orozco.

Un museo de arquitectura y un teatro

El **Museo Nacional de Arquitectura** alterna exposiciones sobre arquitectura contemporánea. El renovado **teatro de Bellas Artes** es una obra maestra que solo se puede ver durante las funciones, con un telón de vitral que muestra el valle de México. Se basa en un diseño del pintor mexicano Gerardo Murillo, alias Dr. Atl. Tiffany & Co ensambló las cerca de un millón de piezas de cristal de colores. En el teatro se puede ver ópera, música sinfónica y al Ballet Folklórico de México.

UNA PAUSA
Solo hay que cruzar la calle y subir a la 8ª planta del edificio Sears para disfrutar de un chai o un café y vistas al palacio desde la terraza de la **Finca Don Porfirio.**

★ **IMPRESCINDIBLE**

Museo de Arte Popular

Este colorido **museo** muestra artesanía de todo el país ordenada por temas y gusta incluso a quienes no son fans de los museos. Destacan las máscaras de carnaval de Chiapas, los alebrijes (animales de madera de vivos colores) de Oaxaca y una sección dedicada a las ofrendas del Día de Muertos.

PLANO: P. 56 **E3**

CONSEJO
En la tienda de la planta baja hay artesanías de calidad que difícilmente se encontrarán en otros lugares. Hay que reservar plaza para los talleres de manualidades para niños.

Escanea este código QR para precios y horarios.

Esencia del arte popular

El museo ocupa el antiguo parque central de bomberos, un gran ejemplo del *art déco* de la década de 1920 del arquitecto Vicente Mendiola. Dentro, se dirige al visitante al ascensor para subir a la planta superior y empezar por la primera sala, dedicada a las raíces de las artesanías. Se empieza por el gran mapa de México que cubre la pared trasera y ofrece una visión general de las diferentes tradiciones representadas en la sala por región. Hay muestras de cerámica, tejidos, lacados y artesanía en metal, e información sobre el vínculo entre el arte y el paisaje natural.

Vida diaria

La sala 2 está dedicada a los objetos cotidianos. En la entrada hay adornos y peculiares instrumentos musicales en miniatura. Cuelgan del techo hamacas, cestas y ollas expertamente ilustradas. Hay tejidos explícitos que muestran la vida desde la concepción al nacimiento. En la parte trasera, hay maniquíes vestidos con trajes tradicionales de todo el país que muestran la diversidad de México.

NEKOMURA/SHUTTERSTOCK

Día de Muertos y bestias fantásticas

En la sala 3, empieza la diversión, con la fusión del imaginario católico y la mitología indígena para representar la trascendencia, la vida y la muerte. Hay ofrendas del Día de Muertos irreverentes o solemnes, máscaras ceremoniales talladas en madera con serpientes y esqueletos, arte huichol con cuentas, coronas de junco de Oaxaca, y gigantescas representaciones de monstruos y demonios de papel maché.

La sala está dedicada a figuras fantásticas: sirenas, pavos reales, árboles de la vida, alebrijes oaxaqueños (figuras de madera que representan a criaturas de pesadilla), nahuales (criaturas mitológicas mesoamericanas) de arcilla de Jalisco, y "máscaras del purgatorio" de Michoacán.

**UNA PAUSA
Artículo 123**
es un café-restaurante agradable con una carta variada que incluye lasaña vegetariana, hamburguesas de pescado y varios platos asiáticos de calidad.

CIRCUITO A PIE

Paseo por la Alameda Central

Se recomienda admirar la arquitectura monumental que bordea el ordenado pulmón verde del centro de la ciudad, dejarse sorprender por estatuas más pequeñas con historias complicadas y en ocasiones oscuras, y terminar comprando artesanía para llevar a casa.

INICIO	FINAL	DURACIÓN
Palacio de Bellas Artes	Centro de Artesanías La Ciudadela	3 km; 2 h

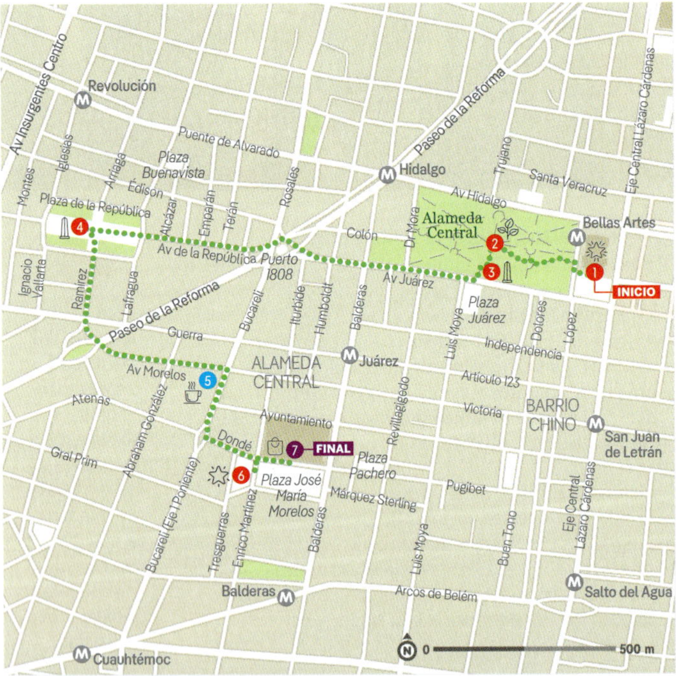

❶ Mármol monumental

Se empieza en el emblema de la Alameda Central, el **Palacio de Bellas Artes,** admirando su fachada de mármol blanco de Carrara de estilo neoclásico y *art nouveau.* El edificio es tan pesado que no para de hundirse: lo que inicialmente era la planta baja es hoy el sótano.

❷ Paseo por la Alameda Central

Se pasea por la aledaña **Alameda Central,** junto a las familias que juegan con los surtidores de agua. Abundan los bancos en los que descansar o contarse secretos, como hacen muchas parejas. Cuenta la leyenda que el cuidadoso diseño de este parque inspiró el Central Park de Nueva York.

❸ Una historia oscura

En el extremo sur del parque (hacia el Hilton) hay un gran monumento semicircular blanco dedicado a Benito Juárez, el **Hemiciclo a Juárez.** Es una ubicación popular para las fotos de graduación y de boda. Probablemente, pocos saben que justo allí la Inquisición quemaba públicamente a las "brujas" en el s. XVIII.

❹ Monumento heroico

Al salir del parque, se toma la avenida Juárez, que se convierte en la avenida de la República al cruzar el paseo de la Reforma. En la rotonda, se pasa la gran escultura abstracta amarilla de *El Caballito* y se sigue hasta el imponente **monumento a la Revolución.** Se puede pasar una hora en el mirador y los museos o sencillamente admirar las esculturas y el arco en homenaje a la Revolución mexicana.

❺ Café literario

Se avanza hacia el sur cruzando Reforma y se pasa la estatua de una figura indígena femenina dedicada a la fertilidad. Es una reproducción de *La joven de Amajac,* descubierta en Veracruz, y reemplaza una estatua de Cristóbal Colón echada abajo por activistas anticoloniales. Se entra en el **Café La Habana,** donde Gabriel García Márquez supuestamente escribió parte de *Cien años de soledad*.

❻ Bailarines cubanos

Los sábados se recomienda visitar la **plaza del Danzón** para admirar y sonreír a las parejas de todas las edades que acuden a bailar el danzón, un baile cubano elegante y complicado que llegó a México en el s. XIX.

❼ Mercado de artesanía

Cerca, el paseo termina en el **Centro de Artesanías La Ciudadela,** un gran mercado con buenos precios y mucha variedad. Todas las tradiciones artísticas del país están representadas. Hay una buena fonda (restaurante familiar) en el centro.

EXPERIENCIAS

El sobrecogedor Museo Memoria y Tolerancia   MUSEO

PLANO: ❶ P. 56 **F3**

El **Museo Memoria y Tolerancia** (*myt.org.mx; 140 MXN, exposiciones temporales 100-200 MXN*) es único. Consta de 55 salas dedicadas a preservar la memoria de las víctimas de genocidios. La exposición multimedia relata los crímenes contra la humanidad desde Camboya a Guatemala, sin olvidar el Holocausto. Las últimas exposiciones temporales se han centrado en la emigración, la misoginia, la identidad LGTBIQ+ y las matanzas de chinos en México. La edad mínima para entrar es de 15 años.

Vistas desde el monumento a la Revolución   MIRADOR

PLANO: ❷ P. 56 **A2**

El **monumento a la Revolución** (*mrm.mx; acceso completo 1/3/5 personas 150/400/600 MXN*) se inauguró en 1938 y contiene las tumbas de héroes como Pancho Villa y Francisco Madero para conmemorar la Revolución mexicana. Su gran atracción es la cima del **Paseo Linternilla,** que permite acceder a una terraza a 65 m mediante un ascensor de cristal y una escalera de caracol con vistas a la ciudad. Por debajo queda el mirador de 360°, igual de impresionante, pero no tan alto, lo máximo que se puede subir sin la entrada de acceso completo.

También se puede acceder al esqueleto del monumento, de 67 m, por la **Galería Estructura 1910,** y a una interesante galería de arte en el sótano, el **Paseo Cimentación,** entre un laberinto de vigas de acero gigantes que son los cimientos de la estructura. El **Museo Nacional de la Revolución** documenta los acontecimientos que llevaron a la instauración del Gobierno posrevolucionario en 1920.

Observar a Diego y Frida en el Museo Mural Diego Rivera   MUSEO

PLANO: ❸ P. 56 **E2**

El **Museo Mural Diego Rivera** (*museomuraldiegorivera.inba.gob.mx; adultos/menores de 13 años 45 MXN/gratis, do gratis*) acoge una de las obras más famosas de Rivera, *Sueño de una tarde dominical en la Alameda Central,* un mural de 15 m pintado en 1947 en el que Rivera plasmó a figuras destacadas desde la época virreinal en adelante, incluidos Hernán Cortés, Benito Juárez, Porfirio Díaz y Francisco Madero, además de a sí mismo y a Frida Kahlo. Todos se agolpan en torno a una Catrina, cuya boa de plumas ridiculiza a la élite. En su versión original, aparecía el escritor Ignacio Ramírez con una pancarta que rezaba "Dios no existe", que causó un gran revuelo y fue vandalizada. Rivera reemplazó luego la frase.

Ponerse contemporáneos en el Museo Nacional de la Estampa

MUSEO

PLANO: **4** P. 56 **G1**

En el extremo norte del parque, el **Museo Nacional de la Estampa** (*munae.inba.gob.mx; 65 MXN, do gratis*) está dedicado a las artes gráficas, en especial a los linograbados. Hay exposiciones temáticas, así como muestras temporales de artistas mexicanos y extranjeros, a menudo con una perspectiva política o de empoderamiento indígena.

Comprar artesanías en el Centro de Artesanías La Ciudadela

ARTE Y ARTESANÍA

PLANO: **5** P. 56 **D4**

Los precios de este **mercado de artesanía** son sorprendentemente ajustados para un espacio comercial tan grande. Es un lugar práctico en el que comprar piezas de calidad (también industriales) de todo México que sería una pena dejar atrás. Destacan los alebrijes (animales pintados) de Oaxaca, los nichos (cajas con esqueletos), la artesanía de cuentas huichol y los azulejos de Talavera pintados a mano

de Puebla. Se recomienda comprar sombreros de paja para ir a Teotihuacán, máscaras de lucha libre y cinturones *kitsch*. Una buena idea es dar una vuelta inicial y luego almorzar en la tradicional fonda al aire libre que hay en el centro del mercado para decidir qué comprar.

Bailar al aire libre en la plaza del Danzón

PLAZA

PLANO: **6** P. 56 **C5**

Los aficionados al baile pueden aprender algún paso nuevo en la **plaza del Danzón** (*visitas gratis, clases 20-50 MXN*), al noroeste de La Ciudadela, cerca del metro Balderas. Parejas de todas las edades (pero sobre todo de edad madura) se reúnen en la plaza cada sábado desde las 11.00 para bailar el danzón, un baile cubano elegante y complicado que llegó a México en el s. XIX. Se imparten clases de danzón y de otros estilos. Los bailarines de salsa y cumbia (de Colombia) ocupan la plaza sobre las 15.00. Aunque no se tenga intención de bailar, vale la pena acercarse para ver a las parejas de danzón luciendo bonitos atuendos de otra época.

 LA HISTORIA DEL COQUETEO EN LA ALAMEDA CENTRAL

En la década de 1900, se celebraba en el parque un ritual de cortejo para los solteros de la ciudad. Se encontraban en el quiosco del centro, los hombres circulaban en una dirección y las mujeres y sus carabinas en otra. Si a un hombre le gustaba alguna de las mujeres le entregaba una flor. Si al volverse a cruzar, ella seguía llevando la flor, indicaba que también estaba interesada. Mientras, en la misma época conservadora, los hombres homosexuales buscaban encuentros con otros hombres junto a la estatua de Humboldt.

Lo mejor para...

⑤ Económico ⑤⑤ Medio ⑤⑤⑤ Alto

Localizaciones en el plano de la **p. 56**

Comer

Vegetariana y vegana

Vegamo ⑤⑤
7 E4

Pequeña cafetería con platos veganos como pipián de berenjena en salsa de almendras, hamburguesas y gofres con frutas exóticas; hay chai con leche de soja. *9.00-20.00 lu-vi, hasta 21.00 sa, 10.00-20.00 do*

Artículo 123 ⑤⑤
8 D3

Bistró de estética industrial que sirve platos panasiáticos con opciones veganas como fideos fritos tailandeses con setas y chilaquiles (tiras de tortillas fritas) bañados en una salsa picante. *9.00-23.00 lu-sa, hasta 21.00 do*

Tacos

El Huequito ⑤
9 G4

Pequeño local veterano que sirve deliciosos tacos al pastor (cerdo marinado) desde 1959, de ahí su precio superior al habitual. *10.00-21.00*

El Buen Taco ⑤
10 G3

Fantásticos tacos de suadero y de birria (cordero) servidos en la mesa. De beber, hay zumos y "aguas" (saborizadas con zumo). No es de extrañar que apareciese en Netflix. *9.30-21.30 lu-ju, hasta 22.30 vi-do*

Taquería Tlaquepaque ⑤⑤
11 H3

Local tradicional con los sabores de Guadalajara. La carta es larga, con clásicos como los tacos de birria (chivo) y chamorro (jamón). *8.00-3.00 do-ju, hasta 4.00 vi y sa*

Con ambiente

Terraza Cha Cha Chá ⑤⑤
12 B2

Un margarita y una tostada (tortilla crujiente) de atún en la terraza que da al monumento a la Revolución son ideales para empezar la fiesta. A las familias les encanta el amplio salón y la variedad de platos mexicanos. *13.30-1.30 lu-sa, hasta 19.00 do*

Cafetería Cloister ⑤⑤
13 G1

Baguetes y ensaladas en el claustro del Museo Franz Mayer. *10.00-17.00 ma-do*

Terraza Alameda ⑤⑤⑤
14 E2

El *brunch* en la terraza de la azotea del Hilton requiere reserva. Los platos mexicanos están bien, pero el verdadero atractivo son las vistas hasta las montañas. *24 h lu-sa, 12.00-16.00 do*

Para desayunar

Farmacia Internacional ⑤⑤
15 B6

El *brunch* perfecto para un día explorando la ciudad. Destacan los cafés cargados, la granola casera y los huevos revueltos con beicon sobre galletas recién hechas. *8.30-20.00 lu-vi, 9.00-17.00 sa y do*

El Cardenal Alameda ⑤⑤
 F2

Restaurante elegante que sirve desayunos de huevos rancheros (huevos fritos sobre tortillas cubiertos de pico de gallo). La cazuela (huevos al plato) también es contundente. *8.00-18.30*

Beber

Mezcalerías

Bósforo
 F3

Si no se está atento, quizá se pase por alto la mezcalería más interesante del barrio. Tras una cortina, en un bar oscuro e informal, aguardan mezcales de primera. *19.00-1.30 ma, hasta 23.00 mi, hasta 2.30 ju-sa*

Mundana
véase

Un bar escondido donde tomar mezcal en un "caballito" (chupito) o un cóctel de mezcal artesano destilado en tinas de arcilla. *13.30-*

22.00 do-ju, hasta 1.30 vi y sa

Copas con vistas

Finca Don Porfirio
 H3

La verdad, lo mejor son las vistas incomparables al Palacio de Bellas Artes desde la 8ª planta del edificio Sears. El café y el café con leche con sabor a mazapán tampoco están mal. *11.00-20.00*

La Azotea
véase

No hay nada más céntrico que contemplar la Alameda Central en dirección al palacio tomando un cóctel. También hay cócteles sin alcohol y tacos gobernador (de gambas). *11.00-21.30 lu-mi, hasta 22.30 ju-sa, hasta 20.00 do*

Comprar

Recuerdos

Centro de Artesanías La Ciudadela
véase ⑤

Puestos y más puestos de artesanía de calidad (y también industrial) de todo el país. El mejor

y más grande de la ciudad. *10.00-19.00*

Barrio Alameda
 E2

Edificio *art déco* de tres pisos con tiendas de diseñadores locales, joyas, muebles, regalos y coleccionables de deporte. *Horario variable*

Gandhi
 H3

Cadena de librerías con un gran surtido de textos sobre México y su capital. *9.00-21.00*

Mercados

Mercado San Juan
 F5

Su especialidad son los alimentos raros de gama alta (insectos, avestruz, ciervo o frutas originales). Buena opción para comprar recuerdos gastronómicos como pasta para hacer mole. *7.00-18.00 lu-sa, hasta 17.00 do*

Mercado de Sonora
㉒ **H6**

En sus puestos se venden pociones, amuletos, muñecos de vudú y otros artículos esotéricos. También se hacen limpias (limpiezas energéticas). *7.00-18.00 lu-sa, hasta 17.00 do*

Sugerencias de lugares para comer, beber y comprar en **p. 77**

Explora
Juárez y Zona Rosa

En esta zona se mezclan locales gais, bares de deportes, tiendas de alimentación coreanas, autobuses turísticos, restaurantes japoneses y el distrito financiero. La Zona Rosa luce un ambiente caótico y circense que atrae a riadas de jóvenes. Al lado está la emergente colonia Juárez, cuyas mansiones se han reconvertido en *boutiques,* bares, galerías y cafeterías de moda llenas de nómadas digitales, pero las calles tranquilas en los límites del barrio no se han renovado todavía y permiten imaginar cómo eran antes Roma y sus alrededores. En medio de todo está la estatua dorada de El Ángel, símbolo de la ciudad.

Cómo desplazarse

A pie
Se puede pasear por Reforma hacia Chapultepec, al oeste, o hasta la Alameda Central, al este. Desde la glorieta (junto al metro Insurgentes), parten las vías que llevan hacia Roma Norte, hacia Juárez y hacia Génova, la ajetreada calle peatonal de la Zona Rosa.

Metro
La parada de Insurgentes es el centro de esta zona, incluida Roma.

 Autobús
Para la Zona Rosa hay que bajar en la parada de metrobús de Insurgentes; para Cuauhtémoc, en la de El Ángel (al norte del cruce entre la Zona Rosa y el paseo de la Reforma); y en Hamburgo para ir a Juárez (al este del cruce de la Zona Rosa y la avenida Insurgentes).

Estatua de El Ángel (p. 72), paseo de la Reforma (p. 76).
JORGEPM/SHUTTERSTOCK

LO MEJOR

MONUMENTO
El Ángel (p. 72)

COMPRAS EN CALLES ARBOLADAS
Fusión (p. 75)

'BRUNCH' DULCE
Café NiN (p. 77)

ANTRO GAY
Rico Club (p. 76)

TENTEMPIÉS DE CATEGORÍA
Tamales Madre (p. 77)

Villalongín

N 0   500 m

Delegación Miguel Hidalgo
(Circuito Interior)

Río Balsas

Río Sena

Río Pánuco

Río Tíber

Río Tigris

Río Rin

Río Danubio

Plaza
Necaxa

Río Po

Río Nazas

Río Guadalquivir

Río Elbio

Río Pánuco

Río Nilo

Río Niágara

Río Lerma

Río Ganges

Río Papaloapan

**Centro
Bursátil** 🔭 **8**

Río Misisipi

CUAUHTÉMOC

Río Lerma

Río Volga

Río Tíber

Av Paseo de la Reforma

El Ángel 🏛   **Marikoteca** ♥ **4**

Belgrado

Génova

Amberes

Estrasburgo

Berna

Eslocolmo

Hamburgo

**Cafebrería
El Péndulo
Zona Rosa** 🍴

**La Diana
Cazadora**

Lancaster

Av Florencia

Av Paseo de la Reforma

🍴 **16**

🏛 **10**
🔺 **11**

9

Oxford

Praga

Varsovia

20 🛍

Liverpool

Av Paseo
de la Reforma

Dresde

Dublín

Sevilla

**ZONA
ROSA**

Biarritz

Londres

**Nicho Bears
& Bar** **5** 🏳️‍🌈 **19**

Tokío

**ZONA
ROSA**

Toledo

Amberes

Av Chapultepec

Puebla

Monterrey (Eje 2 Poniente)

Av Oaxaca

Cozumel

Guadalajara

M Sevilla

🚲

Av Chapultepec

Ocotlán

Salamanca

Puebla

Valladolid

Medellín

Sinaloa

6

**ROMA
NORTE**

Sinaloa

Plaza Villa de Madrid
(Plaza Cibeles)

🔽 **6**

A   B   C   D

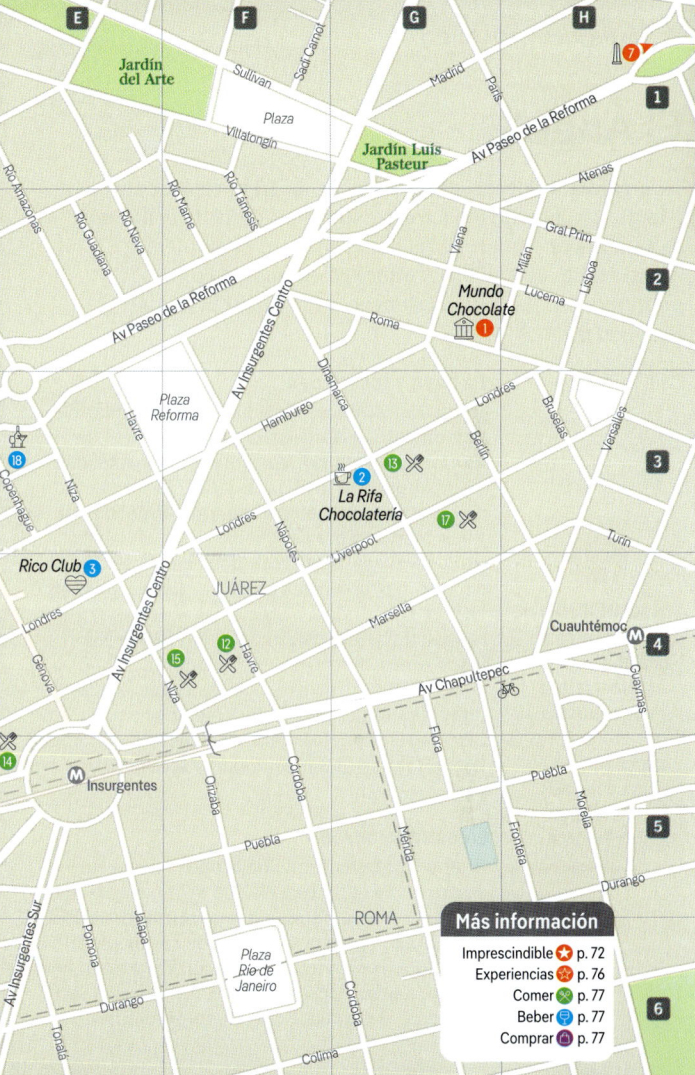

Jardín del Arte

Sullivan

Plaza Villalongín

Jardín Luis Pasteur

Av Paseo de la Reforma

Río Amazonas

Río Guadiana

Río Nilo

Río Marne

Río Tamesis

Av Paseo de la Reforma

Av Insurgentes Centro

Dinamarca

Roma

Mundo Chocolate ❶

Plaza Reforma

Havre

Niza

Hamburgo

Londres

Berlín

Londres

Nápoles

Liverpool

La Rifa Chocolatería ❷ ⑬

⑰

Rico Club ❸

JUÁREZ

Marsella

Cuauhtémoc Ⓜ ④

Londres

Génova

Av Insurgentes Centro

Niza

Havre

⑫

⑮

Av Chapultepec

Ⓜ Insurgentes

⑭

Orizaba

Córdoba

Flora

Puebla

Morelia

Frontera

Puebla

Mérida

Durango

Av Insurgentes Sur

Pomona

Jalapa

Colima

Córdoba

Durango

ROMA

Plaza Río de Janeiro

Madrid

País

Atenas

Gral Prim

Viena

Milán

Lisboa

Lucerna

Bucelas

Versalles

Turín

Guaymas

Sullivan

Sadi Carnot

Atenas

⑦

❶

❷

❸

④

⑤

⑥

Más información

Imprescindible ⭐ p. 72
Experiencias ✨ p. 76
Comer ✖ p. 77
Beber 🍷 p. 77
Comprar 🏠 p. 77

EXPLORA

JUÁREZ Y ZONA ROSA

El Ángel

Esta **estatua** dorada sobre un pilar de 45 m representa a la diosa alada de la victoria, Nike, y es de 1910, centenario de la independencia. Se ha convertido en el emblema dorado de la capital y se conoce oficialmente como monumento a la Independencia, aunque allí la llaman El Ángel.

PLANO: P. 70 **C3**

CONSEJO
El Ángel está en una glorieta. Para acercarse, hay que esperar a que disminuya el tráfico porque no hay semáforos, o visitarlo un domingo sin coches.

La base y los héroes

Desde los escalones de la base cuadrangular del monumento se aprecian cuatro esculturas de bronce de diosas griegas que simbolizan la guerra, la ley, la paz y la justicia. También hay una estatua de bronce de un león con un niño diseñada por Rivas Mercado para simbolizar al pueblo mexicano, fuerte en la guerra y dócil en la paz. Detrás del león hay una placa que reza "La Nación a los Héroes de la Independencia".

Más arriba hay estatuas de mármol de los insurgentes. Sus restos están enterrados bajo el monumento, incluidos los de Miguel Hidalgo (líder de la Guerra de la Independencia mexicana), José María Morelos, Ignacio Allende, la periodista Leona Vicario (la única mujer) y diez personas más.

La estatua dorada

El Ángel es una estatua de bronce recubierta de oro de 24 quilates, de 6,7 m y 7 toneladas. La diseñó el artista franco-italiano Enrique Alciati. En la mano derecha sostiene una corona de laurel que simboliza la victoria de la nación y es un homenaje a Miguel Hidalgo, cuya estatua está justo debajo de la corona. En la mano izquierda tiene

KIEV.VICTOR/SHUTTERSTOCK

tres eslabones de una cadena rota que simbolizan la independencia tras tres siglos bajo dominio español. La estatua se sitúa sobre una columna de 36 m de altura, de acero cubierto de piedra y decorada con los nombres de los insurgentes.

Atractivo como un imán

El Ángel es fantástico para ver el mundo pasar. Las familias de paso y los bailarines de K-pop se concentran a sus pies, ajenos a las parejas homosexuales que coquetean en los bancos. También es escenario de manifestaciones políticas, como la del 2019 contra los feminicidios que acabó con la vandalización del monumento. Miles de personas se congregan allí el Día de la Independencia, en Nochevieja y cuando gana la selección de fútbol.

UNA PAUSA
En la **Cafebrería El Péndulo** de la Zona Rosa (cafetería-librería) se puede comer o tomar algo entre turistas, ya que aquí terminan muchos autobuses turísticos.

CIRCUITO A PIE

Paseo por Juárez y Zona Rosa

Estos barrios ofrecen mucho más que locales de ocio. De día se puede pasear entre una colección de edificios *art déco* y *art nouveau*. Se puede ir del icono dorado de la ciudad al barrio arbolado de Juárez y ver dónde vivía la élite mexicana. Ideal para postear en redes sociales.

INICIO	FINAL	DURACIÓN
El Ángel	Museo de Cera	1,3 km; 1½ h

① El ángel del pueblo

Se empieza en **El Ángel,** el monumento a la independencia y símbolo de la capital, perfecto para observar el crisol humano que es la Zona Rosa.

② Una avenida a lo grande

Se pasea hacia el este por la amplia y arbolada **avenida Paseo de la Reforma** (o simplemente Reforma), a imagen de los Campos Elíseos de París. Hoy concentra grandes negocios, como bancos y grandes hoteles, y la embajada de EE UU. También se puede admirar el estilo ochentero del **Centro Bursátil,** la torre angular con "bola disco" que acoge la Bolsa.

③ Mansiones

Tras dejar atrás el centro comercial de lujo Reforma 222, se pasa por la **calle Havre,** llena de casonas remodeladas, como las ubicadas en **Havre 69** (s. xix) o **Havre 77,** de aire francés. Para una pausa con café y pastas, el dorado **Café NiN** es una gran opción.

④ Casa de diseño

Para adentrarse en Juárez, hay que visitar **Fusión,** un mercadillo en una antigua casona con *boutiques* de ropa y cafeterías independientes que refleja el ambiente relajado del barrio. De viernes a domingo hay un mercado cambiante que destaca los productos y la gastronomía de una región concreta.

⑤ Una plaza arbolada

Bajo los árboles, en la glorieta de la **plaza Washington,** la colonia Juárez se muestra en todo su esplendor. En su día hubo allí una estatua de George Washington en un jardín (ahora está en el bosque de Chapultepec), y sigue siendo un oasis en pleno Juárez donde darse un respiro tomando un chocolate caliente como hacían los aztecas o bocadillos de pollo frito junto a nómadas digitales.

⑥ Auténtico 'art nouveau'

Ante el **Museo de Cera** se puede admirar las formas geométricas de su fachada *art nouveau.* Diseñó la casona (1904) el arquitecto mexicano Antonio Rivas Mercado, autor de El Ángel. La forja elaborada de las barandas y rejas, las líneas fluidas y orgánicas, y los motivos florales típicos del *art nouveau* aportan una sensación de movimiento y armonía.

EXPERIENCIAS

Probar chocolate prehispánico en La Rifa Chocolatería
MUSEO

En un edificio restaurado de 1909 se encuentran el museo y la tienda de **Mundo Chocolate** *(mucho. org.mx; adultos/niños 75/50 MXN;* PLANO: ❶ P.70 **G2**). Tras la visita, se pueden degustar las tradiciones prehispánicas del cacao en la agradable **La Rifa Chocolatería** (PLANO: ❷ P.70 **G3**). Su chocolate caliente fermentado tiene un sabor intenso y con cuerpo. Se recomienda elegir bebidas con base de agua para disfrutar de un sabor auténtico y cremoso, además de vegano.

Salir de fiesta en la Zona Rosa LGTBIQ+
BAR

Ciudad de México es un paraíso para el colectivo LGTBIQ+. La clientela joven local perrea en el **Rico Club** *(facebook.com/ ricoclubcdmx; gratis;* PLANO: ❸ P.70 **E4**), con espectáculos *drag* y la azotea abierta hasta tarde.

En Amberes, la calle principal del distrito gay, destaca **Marikoteca** *(130 MXN;* PLANO: ❹ P.70 **D3**), con terraza en la azotea y noches de "Ellas" los jueves.

Los osos se sentirán bienvenidos en **Nicho Bears & Bar** *(gratis;* PLANO: ❺ P.70 **C5**). Quienes prefieran entornos más explícitos pueden ir al cuarto oscuro del **Tom's Leather Bar** *(200 MXN;* PLANO: ❻ P.70 **D6**), fuera de la Zona Rosa.

Domingos en bicicleta sin coches
BICICLETA

Los domingos por la mañana, el paseo de la Reforma se cierra al tráfico motorizado desde el bosque de Chapultepec pasando por El Ángel hasta la Alameda Central con motivo del **Paseo Dominical Muévete en Bici** *(8.00-14.00 do, excepto el último domingo de mes)* y muchos chilangos aprovechan para patinar, montar en bicicleta o en patinete.

Quien quiera participar puede alquilar una bici en la estación de Ecobici de El Ángel con una tarjeta de crédito.

Recorrer el paseo de la Reforma
EDIFICIOS DESTACABLES

Debe su nombre a la reforma legislativa que llevó a cabo el presidente Benito Juárez. Se puede recorrer la avenida en un trayecto en metrobús (o un buen paseo), empezando cerca de la Alameda Central con la escultura **El Caballito** (PLANO: ❼ P.70 **HI**). Se sigue por el **Centro Bursátil** (PLANO: ❽ P.70 **D2**), la torre angular cubierta de espejos donde se halla la Bolsa, y se llega hasta El Ángel (p. 72). Más adelante está **La Diana Cazadora** (PLANO: ❾ P.70 **A4**), una escultura que en realidad se llama *La flechadora de las estrellas del norte* (1942). El paseo se vuelve más frondoso junto al **Museo Nacional de Antropología** (PLANO: ❿ P.70 **A4**), y termina en el **Auditorio Nacional** (PLANO: ⓫ P.70 **A4**), en Polanco.

Lo mejor para...

Ⓢ Económico ⓈⓈ Medio ⓈⓈⓈ Alto

Comer

'Brunches' y tentempiés a altas horas

Café NiN ⓈⓈ

⑫ **F4**

Café-restaurante dorado que parece sacado del París de la Belle Époque, con pastas deliciosas y *brunches. 7.00-21.00 lu-sa, hasta 18.00 do*

Cicatriz ⓈⓈ

⑬ **G3**

En plena plaza Washington, sirve un delicioso bocadillo de pollo frito y buenas opciones veganas. *9.00-24.00*

Tacos

Tacos El Capote Azul Ⓢ

⑭ **E5**

Rubén sirve tacos de carnitas (cerdo cocinado en manteca) desde hace más de 35 años y ha recibido alabanzas de los mejores chefs de la ciudad. Se recomiendan los tacos de costilla. *9.00-19.00*

Tacos La Chula Ⓢ

⑮ **F4**

Siempre abierto cerca de los bares de la Zona Rosa, sirve increíbles tacos de suadero (falda de ternera) y arrachera (también ternera, del diafragma) con tortillas artesanas. *24 h*

Vegetariano

Yug Vegetariano Ⓢ

⑯ **B4**

Su menú sin pretensiones, casi todo mexicano, es un paraíso para los vegetarianos. Arriba hay un abundante bufé de mediodía *(13.00-17.00 a diario)* con segundos, ensaladas, sopas y bebidas sin azúcar. *8.30-18.00*

Tamales Madre ⓈⓈ

⑰ **G3**

Este local con estilo sirve atractivos paquetitos de mole con plátano macho (versión vegana), *hoja santa* (pimienta mexicana) y crema de pecanas vegetariana. Los tamales se cocinan al vapor en una farfolla de maíz sin usar manteca. *8.00-18.00 lu-sa, hasta 17.00 do*

Beber

Cócteles

Xaman Bar

⑱ **E3**

Bar escondido tras una entrada secreta que sirve mezcal infusionado con salvia en cáscaras de coco. *19.00-2.00 ju-sa, hasta 1.00 mi*

Xuni Mezcalería

⑲ **C5**

Guacamole con chapulines (saltamontes) y cócteles de mezcal en un bar relajado y apartado del caos. *Horario variable*

Comprar

Recuerdos

Utilitario Mexicano

⑳ **D4**

Se paga un prémium por su selección de menaje y papelería, pero son regalos fantásticos. *11.00-19.00*

Sugerencias
de lugares para
comer, beber
y comprar en
p. 88

Explora
Roma

En otro tiempo, Roma acogía a artistas y escritores. Hoy, se encuentran también marcas de moda y restaurantes internacionales, pero aún conserva su ritmo pausado en las calles secundarias. La colonia se creó a principios del s. XX y muestra la arquitectura de influencia parisina tan popular durante el porfiriato (1876-1911). Algunos de los ejemplos más destacados están en las calles de Colima y Tabasco. La mejor forma de explorar el barrio es paseando por las calles próximas a Álvaro Obregón, la vía principal, descubriendo sus cafés, taquerías, galerías y fuentes.

Cómo desplazarse

A pie
Es una de las zonas más inspiradoras de la capital para explorarla a pie. Ir de Roma Norte a Condesa cruzando Roma Sur es un agradable paseo de media hora.

Metro
La entrada norte de Insurgentes es la estación más cercana a Roma en la Zona Rosa. La línea 1 (rosa) conecta con el norte de Condesa y con el centro.

Autobús
Las estaciones de metrobús de Álvaro Obregón y Jardín Pushkin están a ambos extremos de la avenida de restaurantes principal y conectan con Condesa/Zona Rosa y Alameda Central respectivamente.

LO MEJOR

LUCHA LIBRE
Arena México (p. 86)

TACOS
Taquería Orinoco (p. 88)

**'BRUNCH'
ENTRE ÁRBOLES**
Panadería Rosetta (p. 87)

BAR ALTERNATIVO
La Chicha (p. 89)

MERCADO LOCAL
Mercado Medellín (p. 82)

Estatua y fuente de David (p. 85), plaza Río de Janeiro.
JUST ANOTHER PHOTOGRAPHER/SHUTTERSTOCK

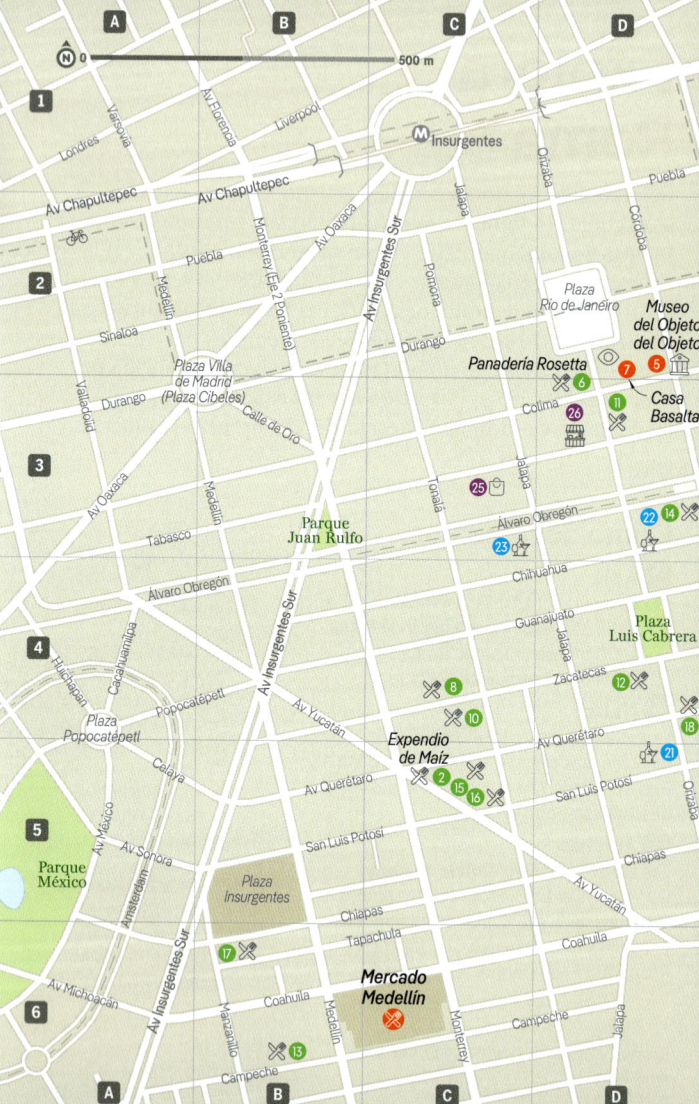

A **B** **C** **D**

N 0 500 m

1

Londres

Av Florencia

Liverpool

M Insurgentes

Orizaba

Puebla

Av Chapultepec

Av Chapultepec

Varsovia

Monterrey (Eje 2 Poniente)

Av Oaxaca

Av Insurgentes Sur

Jalapa

Córdoba

2

Puebla

Medellín

Pomona

Plaza
Rio de Janeiro

Museo
del Objeto
del Objeto

Sinaloa

Durango

Panadería Rosetta **6** **7** **5**

Plaza Villa
de Madrid
(Plaza Cibeles)

Calle de Oro

Colima **11**

Casa
Basalta

26

Valladolid

Durango

Jalapa

3

Av Oaxaca

Medellín

Tonalá

25

Tabasco

Parque
Juan Rulfo

Álvaro Obregón

22 **14**

23

Álvaro Obregón

Chihuahua

4

Cuauhtémoc

Popocatépetl

Av Insurgentes Sur

Av Yucatán

Guanajuato

Jalapa

Plaza
Luis Cabrera

Huichapan

Zacatecas

12

8

18

Plaza
Popocatépetl

Celaya

Expendio
de Maíz

10

Av Querétaro

21

San Luis Potosí

2 **15** **16**

Av Querétaro

Av México

Orizaba

5

Amsterdam

Av Sonora

San Luis Potosí

Chiapas

Parque
México

Plaza
Insurgentes

Av Yucatán

Av México

Chiapas

Coahuila

17

Tapachula

6

Av Michoacán

Manzanillo

Coahuila

**Mercado
Medellín**

Monterrey

Campeche

Medellín

Av Insurgentes Sur

13

Campeche

A **B** **C** **D**

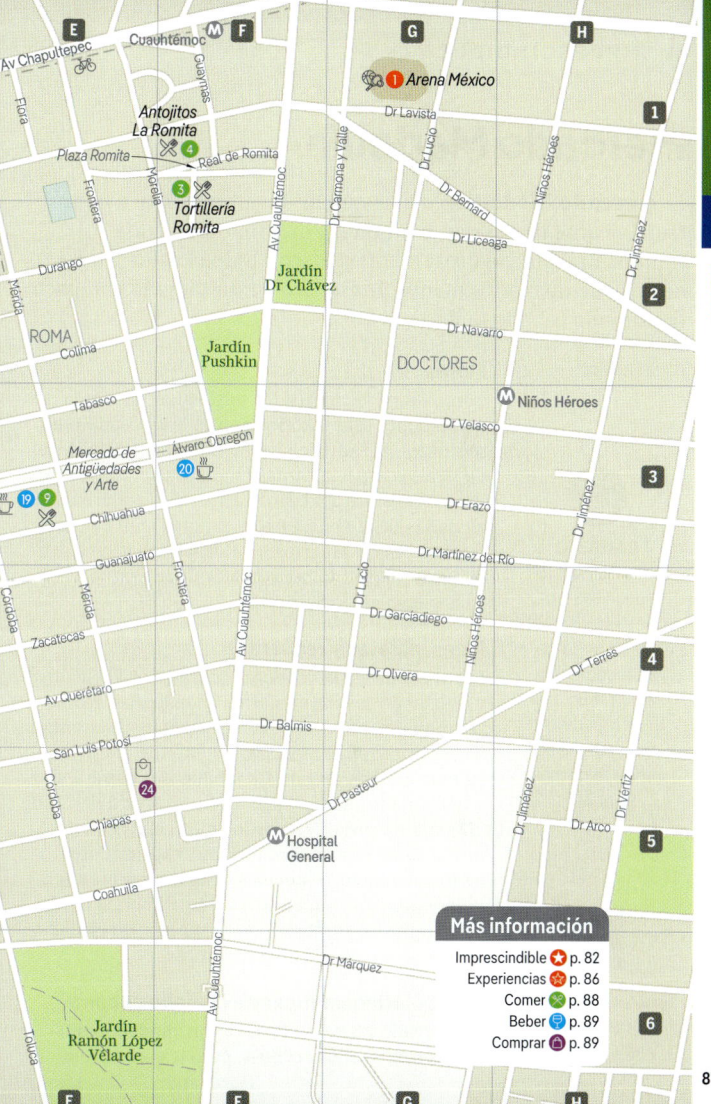

Arena México

Av Chapultepec

Cuauhtémoc

Guaymas

EXPLORA

ROMA

E **M** **F** **G** **H**

Dr Lavista

Antojitos La Romita

Plaza Romita — Real de Romita

Morelia

Dr Carmona y Valle

Dr Lucio

Dr Bernard

Niños Héroes

Dr Jiménez

1

Tortillería Romita

Av Cuauhtémoc

Dr Liceaga

Fuorida

Frontera

Jardín Dr Chávez

2

Durango

Mérida

Colima

ROMA

Jardín Pushkin

Dr Navarro

DOCTORES

Tabasco

M Niños Héroes

Dr Velasco

Mercado de Antigüedades y Arte

Álvaro Obregón

20

3

Dr Erazo

Dr Jiménez

19 **9**

Chihuahua

Dr Martínez del Río

Guanajuato

Frontera

Av Cuauhtémoc

Dr Lucio

Dr Garciadiego

Niños Héroes

Córdoba

Mérida

4

Zacatecas

Dr Olvera

Dr Terrés

Av Querétaro

Dr Balmis

San Luis Potosí

Córdoba

24

Dr Pasteur

Dr Jiménez

Dr Yáñez

Dr Arco

Chiapas

M Hospital General

5

Coahuila

Más información

Av Cuauhtémoc

Dr Márquez

Imprescindible ⭐ p. 82
Experiencias ✳ p. 86
Comer ✖ p. 88
Beber 🍷 p. 89
Comprar 🛍 p. 89

Jardín Ramón López Velarde

Toluca

6

Mercado Medellín

El **mercado Medellín** es más que un lugar en el que comprar fruta y carne de calidad o un nuevo exprimidor: es una inmersión en la vida real de México, con todo el color y los aromas de mercados menos finos, pero en un tamaño compacto donde solo cabe lo bueno.

PLANO: P. 80 **C6**

CONSEJO
Algunos puestos tienen letreros que piden 5 MXN por hacer fotos. Se recomienda comprar en otro lugar y pedirle al vendedor si se puede fotografiar su puesto.

Escanea este código QR para horarios y redes sociales.

Flores

Como todos los mercados mexicanos, el mercado Medellín está (caóticamente) organizado por secciones. El lado de la calle Campeche está lleno de tiendas especializadas en dulces de tamarindo y fresas deshidratadas con chile. De las floristerías aledañas llega el perfume a cempasúchil cuando llega el Día de Muertos y a nochebuenas en Navidad. No pueden faltar las velas de la Virgen María y las efigies de la Santa Muerte.

Piñas, piñatas y recuerdos

Las voces de los vendedores gritando "¿Qué le doy?" y señalando sus montañas de guanábanas, mameyes, nopales, mole o almendras invitan al visitante a adentrarse en el mercado y compiten por la atención de los clientes con las piñatas de colores.

La zona junto a la calle Monterrey está dedicada al menaje y ofrece recuerdos mexicanos económicos como cestas para tortillas, exprimidores de limas o incluso muebles hechos a mano, suponiendo que quepan en la maleta. Es buena idea comprarse un sombrero de paja antes de visitar Teotihuacán, donde no hay sombra.

Dulces latinoamericanos y helado cubano

El mercado Medellín lo abrieron vendedores judíos inmigrados en 1964, pero tras el terremoto

DOROTHY ALEXANDER/ALAMY

de 1985, que destruyó el techo, les relevaron inmigrantes de Cuba, Colombia y Venezuela. Hoy, es un curioso mercado de barrio que vende refrescos Inca Kola de Perú, galletas de Venezuela y otros artículos de importación para expatriados latinoamericanos. Se recomienda probar el excelente café de Colombia y de Chiapas en El Conde de Medellín. En Helados Palmeiro, en la parte de atrás, un habanero sirve helado cubano con sabores como mantecado (vainilla con nuez moscada) siguiendo la receta de su abuela. Detrás, la entrada de la calle Coahuila es un hervidero de fondas (restaurantes familiares) con manteles floreados y menús de platos mexicanos sin pretensiones como enchiladas de mole (pollo en una salsa especiada) a precios imbatibles.

UNA PAUSA
En la **sección de carnicería** del mercado se pueden probar tacos recién hechos o chicharrones. Los **puestos de zumos** ofrecen sabores locales, como tuna (higo chumbo) o pepino.

🚶 **CIRCUITO A PIE**

Paseo por Roma

Roma es una exhibición de calles arboladas y casonas elegantes.
Lo mejor para empaparse de su historia y ritmo pausado
es pasear por sus mercados y plazas, donde abundan cafés
y restaurantes inspiradores donde hacer un alto y *boutiques*
de diseño que dan a Roma su aire vanguardista.

INICIO	FINAL	DURACIÓN
Mercado Medellín	La Romita	2,8 km; 2 h

1 La magia del mercado

Se empieza en el **mercado Medellín** (p. 82), una ventana maravillosa al día a día de la capital donde las piñatas suceden a los alimentos en el corazón de Roma Sur, la mitad más relajada del barrio. Ocupar un taburete en uno de sus puestos o fondas (restaurantes familiares) es una opción popular para el almuerzo.

2 Jack Kerouac

Se puede pasar por la calle José Alvarado 37 y ver dónde Jack Kerouac, escritor estadounidense de la generación *beat,* escribió su poema *Cerrada de Medellín Blues* durante una visita al **primer apartamento de William S. Burroughs.**

3 La plaza de los poetas 'beat'

En la década de 1950 la generación *beat* se reunía en la **plaza Luis Cabrera,** que ahora es ideal para contemplar la vida del barrio.

4 Arte callejero

Roma está repleta de murales. En el lateral de los apartamentos de la calle Zacatecas 108 está el maravilloso mural de una mujer indígena **'Roma de Todos',** de GranOM y Kloer Kloerk. La pancarta dice "Roma de todos y para todos", un comentario social sobre la gentrificación.

5 Mansiones por doquier

Roma conserva nada menos que 1100 casonas de la década de 1930 o antes. Para verlas, hay que subir por la calle Orizaba a la calle Colima, donde se concentran las **mansiones** del porfiriato que caracterizan Roma Norte. Su estilo combina elementos arquitectónicos franceses, góticos y moriscos. Un buen ejemplo es el restaurante Rosetta.

6 Una casona de diseño

En Colima, se recomienda visitar la **Casa Basalta** (p. 87), convertida en un complejo de galerías de arte, *boutiques* de moda y cafeterías, como viene sucediendo en la remodelación de Roma.

7 La plaza con la estatua de David

Las mansiones siguen en la amplia **plaza Río de Janeiro,** que muchos conocen como el "parque de David" por la réplica de bronce a tamaño natural del *David* de Miguel Ángel que adorna la fuente. Al este se ve la enigmática Casa de Las Brujas, de ladrillo rojo, llamada así por la culminación cónica de su torre, similar a un sombrero de bruja.

8 Un pueblo en la ciudad

Si se camina hacia el este hay un callejón que lleva a la **plaza de Romita,** que parece un pueblo, con su plaza, fuente, iglesia y vivero de plantas. En la época azteca, era un pueblo independiente de Tenochtitlán. Es donde Luis Buñuel situó parte de la película *Los olvidados* (1950), como recuerda un mural.

EXPERIENCIAS

Los luchadores del Arena México ESPECTÁCULO DEPORTIVO

PLANO: **1** P. 80 **G1**

El **Arena México** (*cmll.com; entradas 60-450 MXN*) es el epicentro de la lucha libre en la capital. Al otro lado de la autopista respecto a la colonia Roma, este estadio con aforo para 17 000 personas adopta un ambiente de gladiadores cada semana, con enfrentamientos individuales o por equipos entre extravagantes luchadores como Místico y Sam Adonis. Hay varios combates preliminares y uno principal. Es una experiencia cultural esclarecedora, no solo por la lucha sino también por los bailes folclóricos de los intermedios.

Conviene abordar el complejo barrio de Doctores en el que está el estadio caminando desde el oeste (Roma) y no desde el este. Las entradas se compran en la ventanilla (rara vez se agotan), nunca en la reventa. Se recomienda elegir localidades baratas. Puede que estén más arriba detrás de una verja, pero es donde se sientan los aficionados más vehementes.

Comer directo del comal RESTAURANTE MEXICANO

PLANO: **2** P. 80 **C5**

Comer en el **Expendio de Maíz** es toda una experiencia. Sin menú ni nombre oficial (excepto la descripción de la actividad), solo tiene una mesa comunal donde se come directamente del comal. El personal explica cada plato, como las carnitas (cerdo mechado) crujientes y ahumadas con queso oaxaqueño y tortillas caseras. Casi todos los ingredientes son ecológicos, locales y de temporada. Todas las rondas de platos incluyen una opción vegetariana. Cuando se haya comido lo suficiente, se indica que no traigan más. El precio ronda los 200 MXN e incluye cuatro platos generosos y una bebida como *kombucha* o mezcal. Solo efectivo.

 DIORAMAS DEL DÍA DE MUERTOS

En las tiendas de artesanía de Roma y de todas partes hay dioramas con personas, esqueletos, demonios y ángeles que celebran con irreverencia la vida de los mexicanos. Tanto si se llama a estos nichos *kitsch* o arte popular, logran usar lo mundano para ahuyentar un poco el terror a la muerte. Los católicos españoles también pintaban a sus santos en retablos de madera, pero los mexicanos lo convirtieron en arte accesible. En ellos, una cantina es un lugar glorioso lleno de purpurina, como un altar con esqueletos cómicos como bebedores. Otros esqueletos son *strippers,* enterradores o parejas de novios homosexuales.

Aires de pueblo en La Romita
PLAZA

Al pisar la plaza de Romita parece que se entre en un pueblo mágico. Los pinos que rodean la fuente ocultan los edificios modernos y renovados, y parece que el tiempo se haya detenido en 1953, cuando se construyó el sencillo edificio blanco de la rectoría de San Francisco Javier. Si se escucha con atención, se oye caer las tortillas de la cinta transportadora de la veterana **Tortillería Romita** (PLANO: ❸ P. 80 F1). Cerca, en el económico **Antojitos La Romita** (PLANO: ❹ P. 80 F1) se sirven enchiladas sencillas y otros clásicos. Es la Ciudad de México de antaño.

Viajar en el tiempo en el Museo del Objeto del Objeto
MUSEO

PLANO: ❺ P. 80 D2

A través de sus casi 100 000 artículos, algunos de la Guerra de la Independencia (1810), las dos plantas del **Museo del Objeto del Objeto** *(elmodo.mx; adultos/niños 60 MXN/gratis)* recorren la historia del país en exposiciones temáticas, como la dedicada al fútbol. La colección permanente agrupa artículos como máquinas de escribir, pósteres, cajas de cerillas, sellos y montones de latas (de tabaco, betún y agujas de gramófono) que son un resumen visual de las aficiones de los mexicanos a lo largo de las décadas.

Comer pastas al aire libre en Rosetta
PANADERÍA

PLANO: ❻ P. 80 D3

En la **panadería Rosetta** hornean a diario *pan dulce* (pastas) mexicano y francés, cruasanes y baguetes sublimes. Los reservados y las mesas a cubierto en la ampliación exterior conforman un destino magnético entre la elegante arquitectura francesa de la calle Orizaba. El ambiente parece aumentar el sabor de sus bollos de guayaba y desayunos mexicanos. Los fines de semana es habitual hacer media hora de cola para el *brunch,* pero la zona de espera tiene bancos con sombra.

Disfrutar de la 'pizza' y las pinturas en Casa Basalta
COMPLEJO ARTÍSTICO

PLANO: ❼ P. 80 D2

Una visita a las escaleras de madera de **Casa Basalta** *(casabasalta.mx),* propias de una obra de M. C. Escher, es una aventura en la que cada rincón cobra vida gracias a las distintas facetas del arte y el diseño. Hay pinturas, esculturas e instalaciones de artistas mexicanos contemporáneos en cada planta, intercaladas con tiendas de ropa de diseño, cafés, *pizza* de calidad, helado y comida mexicana. El edificio es una mansión del porfiriato de 1914 convertida en una amplia maravilla arquitectónica inundada por el sol entre columnas griegas y árboles interiores.

Lo mejor para...

$ Económico $$ Medio $$$ Alto

Localizaciones en el plano de la **p. 80**

Comer

Desayuno

Lalo! $$
8 C4

Local de *brunch,* con desayunos euro-mexicanos exquisitos como huevos con chorizo o Benedictinos. *8.00-17.00 ma-do*

Los Bisquets Obregón $
9 E3

Las familias chilangas acuden a este bonito local por el *pan dulce* y el café con leche, que se sirve con teatralidad de dos jarras al estilo de Veracruz. *7.30-23.00*

Panadería Rosetta $$
véase **6**

Sublime *pan dulce* mexicano y francés, y desayunos con huevos en una ajetreada terraza. *Horario variable*

Para gastrónomos

Máximo $$$
10 C4

El menú de temporada se inspira en recetas euro-peas y mexicanas como las flores de calabacín rellenas de cangrejo. Es esencial reservar. *13.00-22.00*

Rosetta $$$
11 D3

Restaurante en una antigua mansión que ofrece cenas románticas de mole rosa, tamales de camote y postre de *hoja santa* (pimienta mexicana). *13.00-16.15 y 18.30-22.15 lu-sa*

Mexicana con estilo

Broka Bistrot $$
12 D4

Estiloso patio escondido que sirve deliciosos platos de fusión euro-mexicana como un timbal de pescado y nopal con tortillas de maíz azul. Entre semana, el menú de mediodía es imbatible. *Horario variable*

El Hidalguense $$
13 B6

La barbacoa hidalguense de este restaurante familiar, a fuego lento sobre leña de roble bajo tierra, ya era especial antes de hacerse famosa en Netflix. *7.00-18.00 vi-do*

Tacos

Taquería Orinoco $
14 D3

Excelentes tacos al estilo norteño de Monterrey. Su especialidad son los tacos de chicharrón, que provocan colas de lugareños por las noches. *13.00-3.30 do-mi, hasta 4.00 ju, hasta 5.00 vi y sa*

El Parnita $$
15 C5

Local con estilo y una carta reducida donde solo sirven almuerzos de recetas familiares como los tacos carmelita (de gambas con tortillas hechas a mano) y viajero (de cerdo a fuego lento). Los fines de semana hay que reservar. *13.00-24.00 lu-sa, hasta 18.00 do*

Páramo $$
16 C5

Bar-restaurante de ambiente festivo con tacos que ponen el listón muy alto. También hay flores de hibisco como opción vegetariana. *14.00-1.00 do-mi, hasta 2.00 ju-sa*

Vegetariana y vegana

Por Siempre Vegana Taquería ⓢ
 17 **B6**

Los veganos pueden participar del festival de tacos callejeros con opciones de los populares tacos pastor, de longaniza o de chorizo hechas de soja y seitán, con guarniciones de autoservicio como nopales, frijoles y salsas. *10.00-23.00 lu-sa, hasta 21.00 do*

La Pitahaya Vegana ⓢⓢ
18 **D4**

Destaca por sus vibrantes platos veganos. No hay que perderse las enfrijoladas (tortillas rellenas de frijoles) y los tacos de tortillas rosas rellenos de curri de espinacas y camote al pesto. *11.30-22.00 mi-lu*

Beber

Café

Qüentin Café
19 **E3**

Sus baristas se toman muy en serio el café en todas sus elaboraciones. Candidato a mejor café de la capital. *8.00-21.00*

Dosis
20 **F3**

Los clientes pasan horas en sus mesas al aire libre disfrutando de una buena wifi, varias especialidades de café o una botella de cerveza artesana. *8.00-21.00 mi-lu*

Cócteles con estilo

La Chicha
21 **D5**

Se mezcla una parte de decoración *vintage* mexicana, una parte de ambiente roquero, se añaden cócteles de mezcal, cervezas y tentempiés y se obtiene un bar que va a su aire en un rincón interesante de Roma. *10.00-24.00 do-mi, hasta 2.00 ju-sa*

Licorería Limantour
22 **D3**

Coctelería que ocupa un merecido puesto entre los mejores 50 bares del mundo y el mejor de Latinoamérica. Hay que llegar pronto para conseguir mesa. *18.00-24.00 do-mi, hasta 2.00 ju-sa*

Departamento
23 **C3**

El bar de la planta baja es un local con estilo y decoración de mediados del s. XX donde tomar algo y dejarse ver. Es popular entre jóvenes profesionales y visitantes internacionales. *18.00-3.00 mi-do*

Comprar

Recuerdos con arte

Pingüino Roma
24 **E5**

Su personal experto puede explicar la selección de artesanías populares con un toque especial traídas de todo el país. *11.00-18.00 lu-vi, hasta 19.30 sa y do*

Happening
25 **C3**

Oferta amplia y bien seleccionada de papelería, joyería, moda y artesanía mexicana de diseño excelente para regalar. *11.00-19.00 lu-sa, hasta 18.00 do*

Bunker Bazar
26 **D3**

Mercado al aire libre ideal para visitar después del almuerzo. Joyas, menaje exclusivo y moda directos de diseñadores locales. *11.00-21.00 sa y do*

Sugerencias de lugares para comer, beber y comprar en **p. 97**

Explora
Condesa

Su llamativa arquitectura, paseos flanqueados por palmeras y el alegre parque México remiten a sus orígenes como hogar de la élite emergente de principios del s. xx. Los restaurantes de moda, las *boutiques* elegantes y los exclusivos locales de ocio nocturno siguen ahí. Por suerte, Condesa no ha perdido del todo su encanto e identidad, que se puede apreciar al pasear por sus inmensas medianas con edificios de estilo *art déco* y colonial. El centro de la colonia es el tranquilo parque México, cuya forma ovalada refleja su uso anterior como hipódromo. Dos manzanas al noroeste está el parque España, con una zona de juegos infantiles.

Cómo desplazarse

A pie
Pasear entre Roma y Condesa es fácil y una de las actividades destacadas de la ciudad. Se recomienda ir hacia el este desde el parque México, de Roma Sur a Roma Norte.

Metro
Las paradas de metro Patriotismo y Chilpancingo, al sur, son de la línea 9 (marrón). La línea 1 (rosa) en dirección Centro pasa por Juanacatlán (oeste) y Sevilla (norte), una zona más tranquila.

Autobús
Las estaciones de metrobús de Chilpancingo, Campeche, Sonora y Durango son las más cercanas y prácticas.

★
LO MEJOR

ZONA VERDE
Parque México (p. 93)

MONUMENTO HISTÓRICO
Casa Guillermo Tovar de Teresa (p. 96)

MERCADO DE ALIMENTOS
Tianguis de los martes (p. 96)

MEZCALERÍA
La Clandestina (p. 95)

ALMUERZO CON ENCANTO
Contramar (p. 97)

Condesa.
MEHDI33300/SHUTTERSTOCK

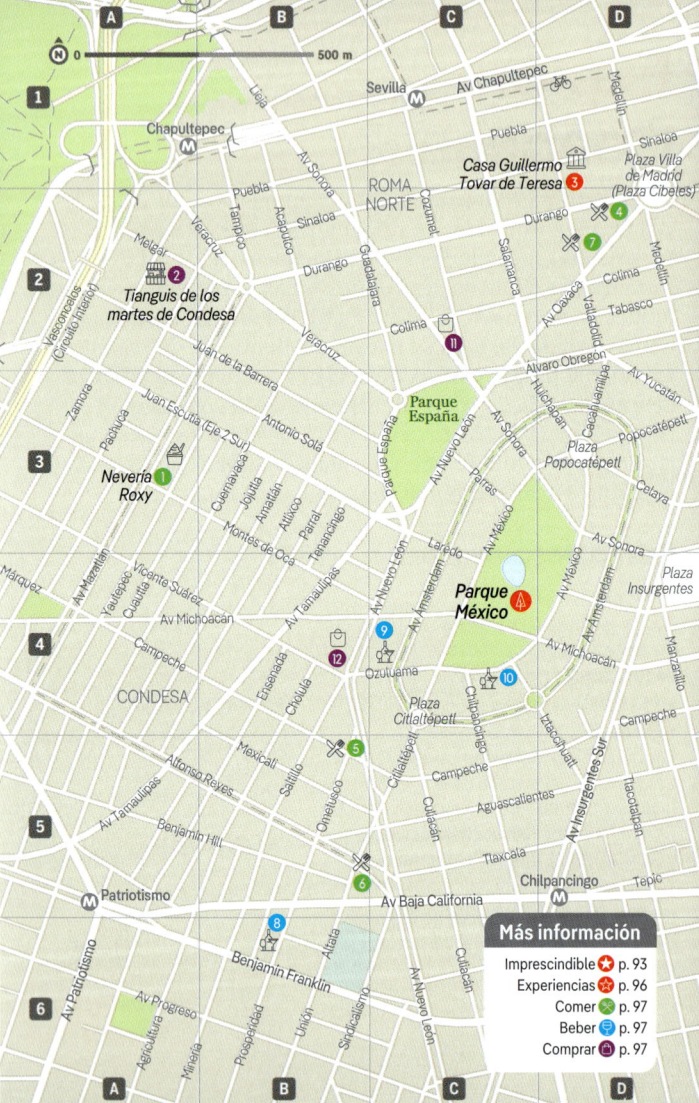

Casa Guillermo Tovar de Teresa ③

ROMA NORTE

Plaza Villa de Madrid (Plaza Cibeles)

Tianguis de los martes de Condesa ②

Nevería Roxy ①

Parque España

Plaza Popocatépetl

Parque México

Plaza Insurgentes

CONDESA

Plaza Citlaltépetl

Patriotismo

Benjamín Franklin

Más información

Imprescindible ⭐	p. 93
Experiencias 🔴	p. 96
Comer ❌	p. 97
Beber 🔵	p. 97
Comprar 🟣	p. 97

⭐ **IMPRESCINDIBLE**

Parque México

El **parque México,** en el centro de Condesa, es ideal para empezar a explorar la colonia. Atrae a paseadores de perros profesionales, jugadores de fútbol, parejas de novios y familias con niños, que juegan en la zona infantil. Todos los caminos conducen a esta extensión verde.

PLANO: **C4**

Historia
La colonia fue la hacienda y el hipódromo de una condesa, de ahí su nombre. Alcanzó su apogeo durante el porfiriato, pero se fue transformando en una zona residencial hasta que se vendió todo excepto el hipódromo. El parque México abrió en 1927 y se construyó en lo que quedaba del hipódromo, rodeado de residencias de estilo *art déco*. La pista se convirtió en la avenida Ámsterdam, que rodea el parque.

Esculturas y vida local
Abundan los detalles *art déco,* empezando por la entrada de la avenida Michoacán, en medio del parque. La escultura de una mujer indígena con unos cántaros de agua, la Fuente de los cántaros, fue diseñada por el mexicano José María Fernández Urbina, que ayudó a reconstruir El Ángel en 1957. Allí, el parque se divide en dos. La parte sur está dominada por un parque para perros, una estatua de Einstein donada por inmigrantes judíos y una fuente *art déco* con un reloj que suena cada hora. La parte norte empieza en el animado Foro Lindbergh, que reúne desde aficionados al pop coreano a futbolistas. Los caminos con palmeras mediterráneas, cipreses y farolas *art déco* que parten de allí llevan al estanque y la zona infantil.

CONSEJO
El parque se puede apreciar al cruzarlo mientras se explora Condesa, o se puede reservar una hora para recorrerlo a fondo.

Escanea este código QR para más información.

CIRCUITO A PIE

Paseo por Condesa

Permite conocer las bebidas favoritas de la capital, de los cócteles de primera a la cerveza artesana, el pulque prehispánico, el otrora denostado tequila y el revalorizado mezcal. Condesa aparenta buenos modos de día, pero se suelta la melena de noche, cuando los lugareños salen de copas por sus maravillosos locales.

INICIO	FINAL	DURACIÓN
El Centenario	El Califa	4,1 km; 3 h

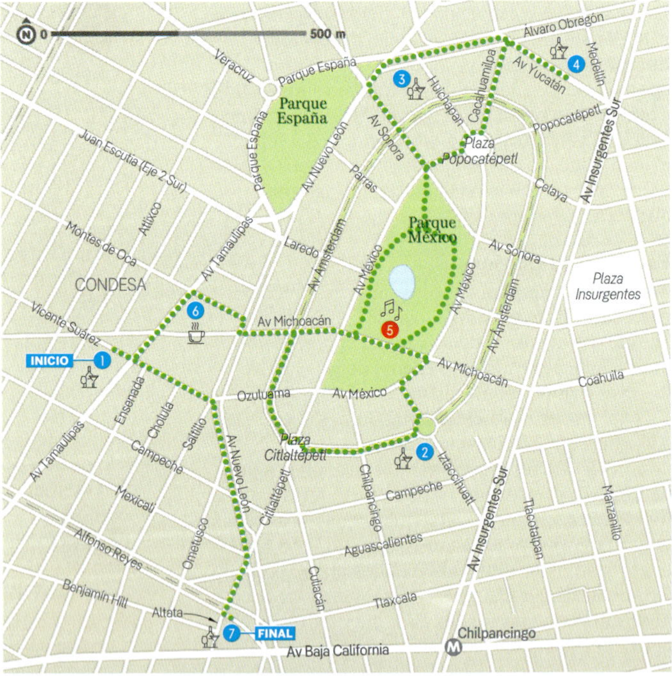

① Tequila en una cantina

Muchas grandes veladas empiezan con los excelentes tequilas de la cantina **El Centenario,** una ventana a la Condesa de antaño: los camareros llevan chaleco y se paga por la calidad de las copas, no solo por el local. Se recomiendan las tortas (bocadillos) y las croquetas de chistorra para mitigar los efectos del alcohol.

② Mezcal con clase

Al sureste, la siguiente parada es **Baltra** (p. 97), una de las mejores coctelerías de Condesa. El personal experto ayuda a elegir entre su surtido de combinados de mezcal.

③ Mezcal con sal de gusano

Cruzando el parque México hacia el norte se llega a la acogedora **La Clandestina.** El personal experto de este bar apto para grupos puede explicar las variedades de cada mezcal ahumado, el primo artesano del tequila. Esta bebida rural es ahora un licor sofisticado.

④ Pulque prehispánico

Quizá sea hora de echar el freno con el alcohol. En el **Neutle Pulque Bar,** un puesto de mercado, el amable Eduardo puede explicar todo lo relacionado con el pulque. El tequila y el mezcal son los ejemplos más conocidos de bebidas mexicanas, pero antes de que llegaran los españoles el pulque, de fermentación natural y baja graduación alcohólica, ya era la bebida típica.

⑤ Músicos callejeros en el parque

Hay que volver a cruzar el bien iluminado **parque México** (p. 93), el corazón de Condesa. Incluso de noche, los músicos callejeros atraen a un público numeroso en la entrada de la avenida Michoacán. No hay que perderse los edificios *art déco* que rodean el parque. Como era habitual en la década de 1930, los dormitorios, no el salón, son los que dan al parque.

⑥ Café mexicano

Si ha llegado la hora de cargar pilas, se recomienda volver atrás, hasta la **Blend Station,** una cafetería que abre hasta tarde y ofrece una de las mayores selecciones de café mexicano de la ciudad. Aquí se toman en serio a los pequeños productores ecológicos de comunidades rurales.

⑦ Cervezas y tacos

A las taco en punto es hora de ir a **El Califa** (p. 97) y unirse a los lugareños trasnochadores que saben lo que es bueno. La ternera a la parrilla, las tortillas hechas a mano y el horario (está abierto cuando cierran las discotecas) convierten esta taquería en parada obligada las noches de fiesta por Condesa. La cerveza nacional también ayuda, si es que no se ha bebido lo suficiente.

EXPERIENCIAS

Saborear bolas de nostalgia en la Nevería Roxy

HELADERÍA

PLANO: **1** P. 92 **A3**

La nostalgia brilla como la sonrisa de un niño en la **Nevería Roxy** (*neveriaroxy.com.mx*). Sus dos locales de Condesa conservan los toldos de rayas, los taburetes tapizados y los acabados cromados que lucen desde 1946, y la fruta que da sabor a los helados y nieves (sorbetes) sigue procediendo del mercado de La Merced. Destacan las variedades mexicanas, como el mamey, el arroz con leche, la guanábana y el coco con Kahlua, además de sabores más clásicos. También hay un *banana split* que quita el sentido y *affogato* para los adultos. Se recomienda acudir el fin de semana para coincidir con los vecinos de Condesa.

Todo es fresco en el tianguis de los martes

MERCADO

PLANO: **2** P. 92 **A2**

Si se quiere comprender la vida mexicana, nada mejor que visitar un tianguis (mercado al aire libre). Incluso en la elegante Condesa, el **tianguis de los martes** tiene la energía y la frescura de cualquier mercadillo de pueblo. Hay ropa barata, antigüedades, regalos y alimentos frescos. También se puede arrimar un taburete a uno de los puestos de comida y tomar unos tacos o unas flautas (tacos enrollados y fritos) bajo los toldos. Destacan los aguacates fresquísimos y la fruta o los frutos secos que venden las mujeres indígenas en las afueras del mercado, que no pueden pagar un puesto ni comprar a los mayoristas.

Ver cómo vivían los ricos en la Casa Guillermo Tovar de Teresa

MUSEO

PLANO: **3** P. 92 **D1**

El almacén de arte convertido en museo del historiador y bibliófilo **Guillermo Tovar de Teresa** (*museosoumaya.org; gratis*) abrió en el 2018 como miembro del Museo Soumaya (también en Polanco y San Ángel). La muestra incluye más de 1000 obras de arte, como pinturas, esculturas, muebles, alfombras y la obra completa de sor Juana Inés de la Cruz. El pequeño museo abre todos los días del año y es una buena opción los lunes, cuando cierran muchos lugares de interés de la ciudad.

Lo mejor para...

$** Económico **$$** Medio **$$$ Alto

Localizaciones en el plano de la **p. 92**

Comer

Para una ocasión especial

Contramar **$$$**
4 D2

Marisquería especializada en el filete de atún, que preparan a la parrilla con salsas de chile rojo y perejil. Hay que probar la cremosa tostada de atún con aguacate. *12.00 18.30 do-ju, hasta 20.00 vi y sa*

La Capital **$$$**
5 B5

Sabrosos platos mexicanos tradicionales con un toque *gourmet*. Se recomienda acompañar la increíble tostada de atún fresco o las enchiladas de pato con una margarita "Capital". *Horario variable*

Tacos

El Califa **$$**
6 B5

Les dan su propio aire a los tacos sirviendo tiras de ternera a la parrilla en tortillas hechas a mano.

Un favorito entre los expertos. *12.00-4.00*

El Faraón **$**
 7 D2

Amplio restaurante cerca de la fuente de Cibeles que se llena a las 3.00, cuando cierran las discotecas, aunque sirve tacos todo el día. Su carta es extensa. *13.00-5.00*

Beber

Cócteles

Felina
 8 B6

Su confianza serena se nota en la música *lounge* y en unos cócteles que sacan el máximo partido a ingredientes reales. *9.00-1.00 ma y mi, hasta 2.00 ju-sa, 10.00-22.00 do*

Flora Lounge
9 C4

Abiertamente gay, logra el equilibrio perfecto entre buenos cócteles y copas a precio razonable y un ambiente agradable de bistró informal. *Horario variable*

Baltra
10 C4

Originales combinados de mezcal, algunos con especias. No es de extrañar que se haya colado en la prestigiosa lista de los "50 mejores bares del mundo". *18.00-23.00 do-mi, hasta 2.00 ju-sa*

Comprar

Recuerdos

Pingüino México Condesa
11 C2

Su personal experto puede informar sobre las artesanías, seleccionadas de todo el país. *11.00-18.00 lu-vi, hasta 19.30 sa y do*

Cafebrería El Péndulo Condesa
12 B4

Café-librería entre cuyos artículos de regalo, arte mexicano, libros de historia y novelas siempre da gusto curiosear. *8.00-23.00 lu-sa, 9.00-22.00 do*

Sugerencias de lugares para comer, beber y comprar en **p. 109**

Explora
Polanco y bosque de Chapultepec

Polanco es famoso por sus hoteles y restaurantes exclusivos, moda de diseño y las propiedades más caras de Hispanoamérica. Pero eso no impide que los simples mortales puedan cenar en restaurantes de primera y visitar algunos de los museos y galerías más prestigiosos de la capital. Junto a Polanco, el extenso bosque de Chapultepec ocupa más de 4 km², con lagos y un antiguo castillo imperial. El Museo de Arte Moderno tiene un famoso cuadro de Frida Kahlo y el Museo Nacional de Antropología es uno de los más fascinantes del mundo. Hay familias de pícnic, remando en el lago y disfrutando de los muchos rincones tranquilos.

Cómo desplazarse

Metro
La parada de Polanco está en el centro del barrio, a 1 km de los museos, y la de Auditorio está en el extremo sur de Polanco, en el oeste de Chapultepec 1ª Sección, a 800 m del Museo Nacional de Antropología.

Autobús
La línea 7 de metrobús va por el paseo de la Reforma y conecta Chapultepec con la Zona Rosa, Reforma y Alameda Central.

Coche
Las conexiones directas en transporte público entre el Museo Nacional de Antropología de Chapultepec y el Museo Soumaya de Polanco son poco fiables. Uber o Didi son una buena alternativa.

Barcas de recreo, bosque de Chapultepec (p. 106).
OASISAMUEL/SHUTTERSTOCK

LO MEJOR

MUSEO HISTÓRICO
Museo Nacional de Antropología (p. 102)

ARTE INTERNACIONAL
Museo Jumex (p. 108)

ARTE MEXICANO
Museo de Arte Moderno (p. 108)

RESTAURANTE DE PRIMERA
Pujol (p. 109)

BAR CON VISTAS
La Terraza (p. 109)

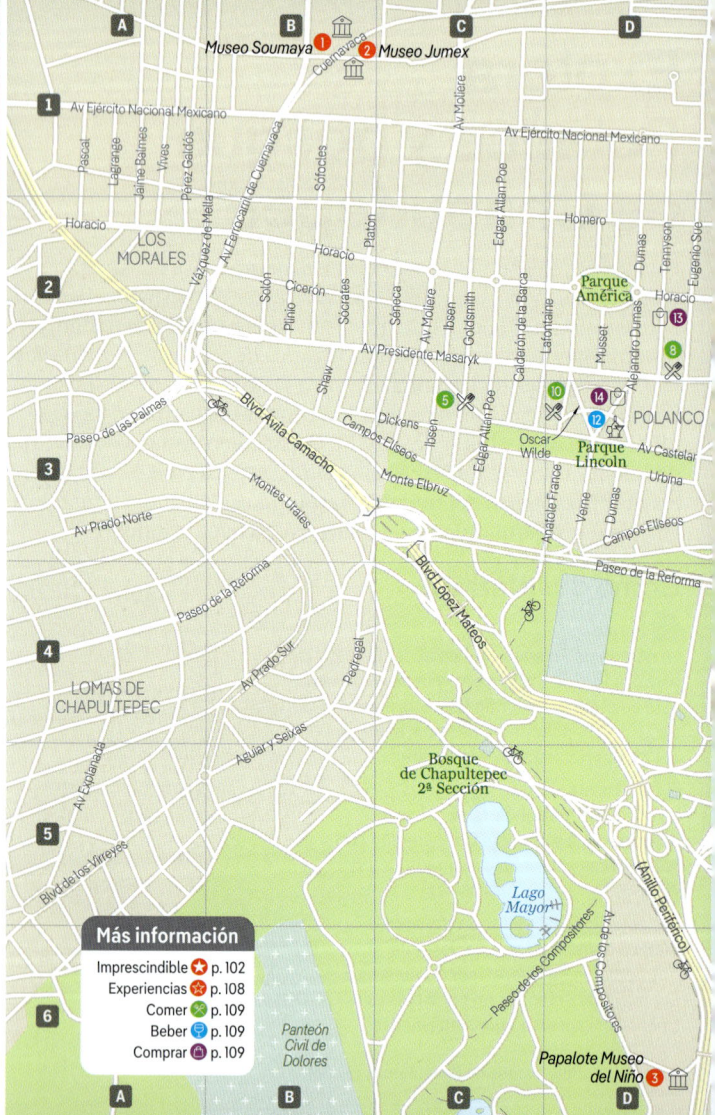

POLANCO Y BOSQUE DE CHAPULTEPEC

Museo Soumaya ❶

❷ Museo Jumex

Av Ejército Nacional Mexicano

Av Ejército Nacional Mexicano

Av Molière

Pascal
Lagrange
Jaime Balmes
Vives
Pérez Galdós
Av Ferrocarril de Cuernavaca

Sófocles

Edgar Allan Poe

Homero

Dumas
Tennyson
Eugenio Sue

Horacio

LOS MORALES

Vázquez de Mella

Horacio

Platón

Parque América

Horacio

❶❸

Solón
Cicerón
Plinio
Sócrates
Séneca
Av Molière
Ibsen
Goldsmith
Calderón de la Barca
Lafontaine
Musset
Alejandro Dumas

❽

Av Presidente Masaryk

Shaw

❺

Blvd Ávila Camacho

Dickens
Campos Elíseos
Ibsen
Edgar Allan Poe

❿
Oscar Wilde

❶❹
❶❷

POLANCO

Parque Lincoln

Av Castelar

Paseo de las Palmas

Montes Urales

Monte Elbruz

Anatole France
Verne
Dumas

Urbina

Campos Elíseos

Av Prado Norte

Paseo de la Reforma

Blvd López Mateos

Paseo de la Reforma

Av Prado Sur

Pedregal

LOMAS DE CHAPULTEPEC

Av Explanada

Aguiar y Seijas

Bosque de Chapultepec 2ª Sección

Blvd de los Virreyes

Lago Mayor

(Anillo Periférico)

Av de los Compositores

Paseo de los Compositores

Más información

Imprescindible ★ p. 102
Experiencias ✹ p. 108
Comer ● p. 109
Beber 💧 p. 109
Comprar 🛍 p. 109

Panteón Civil de Dolores

Papalote Museo del Niño ❸

A   B   C   D

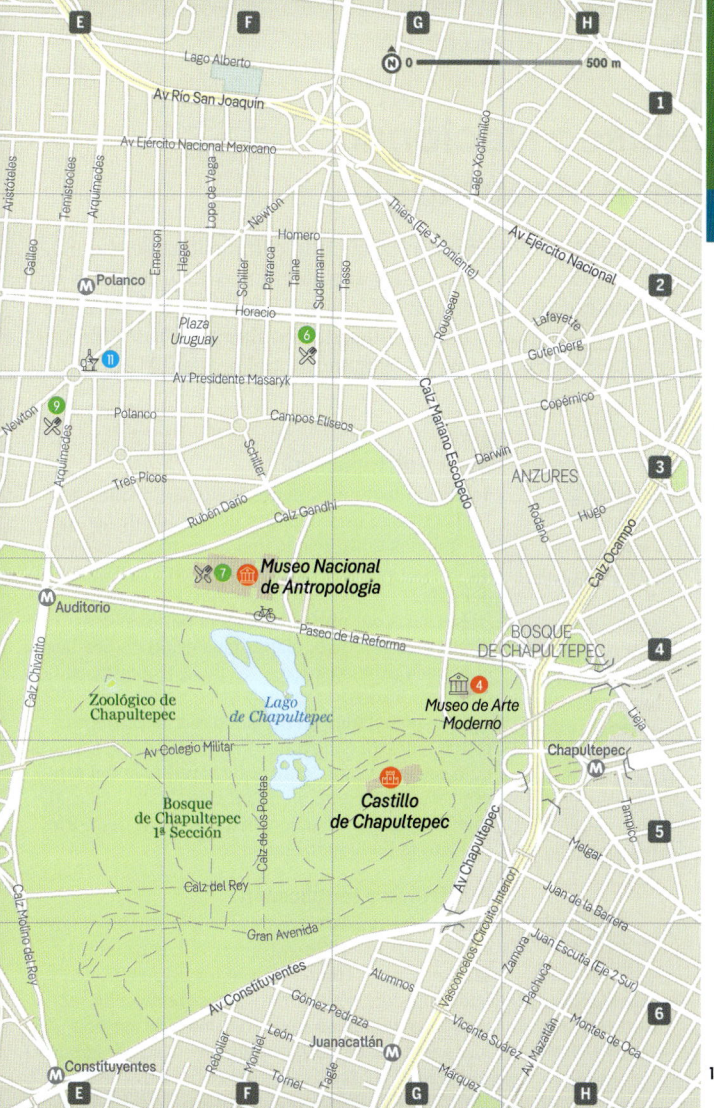

N 0   500 m

Lago Alberto

Av Río San Joaquín

Av Ejército Nacional Mexicano

Aristóteles
Galileo
Tenístocles
Arquímedes
Emerson
Hegel
Lope de Vega
Schiller
Newton
Petrarca
Taine
Homero
Sudermann
Tasso
Thiers (Eje 3 Poniente)

Av Ejército Nacional

M Polanco

Horacio

Plaza
Uruguay

Rousseau

Lafayette

Gutenberg

Av Presidente Masaryk

Newton

Polanco

Schiller

Campos Elíseos

Copérnico

Arquímedes

Tres Picos

Darwin

ANZURES

Calz Mariano Escobedo

Rodario

Hugo

Calz Ocampo

Rubén Darío

Calz Gandhi

**Museo Nacional
de Antropología**

Paseo de la Reforma

BOSQUE
DE CHAPULTEPEC

M Auditorio

Calz Chivatito

Zoológico de
Chapultepec

Lago
de Chapultepec

**Museo de Arte
Moderno**

Chapultepec M

Av Colegio Militar

Bosque
de Chapultepec
1ª Sección

Calz de los Poetas

**Castillo
de Chapultepec**

Melgar

Tampico

Calz del Rey

Av Chapultepec

Juan de la Barrera

Calz Molino del Rey

Gran Avenida

Alumnos

Viaducto (Circuito Interior)

Zamora
Juan Escutia (Eje 2 Sur)
Pachuca
Montes de Oca

Av Constituyentes

Gómez Pedraza

León
Montiel
Rébsdjal
Tornel
Thiele

Juanacatlán M

Vicente Suárez
Av Mazatlán

M Constituyentes

Márquez

E   F   G   H

★ **IMPRESCINDIBLE**

Museo Nacional de Antropología

La historia de México en su fascinante complejidad se expone en un impresionante monolito arquitectónico y sus jardines en este **museo** situado en una extensión del bosque de Chapultepec. Las fantásticas antigüedades de Teotihuacán, Tula y Palenque muestran con detalle la ostentación del antiguo México.

PLANO: P. 100 **F4**

CONSEJO DE PLANIFICACIÓN

Es un museo enorme que pocos consiguen abarcar en una sola visita. Hay imitaciones de templos al aire libre donde sentarse a descansar o fotografiarse.

Escanea el código QR para precios, horarios y demás.

Guías y distribución

Todo está magníficamente expuesto y explicado. En la entrada está el punto de partida de las visitas guiadas gratuitas de una hora, muy recomendables para entender mejor la compleja historia del país.

Las salas del museo rodean el patio en dos plantas. Las 12 de la planta baja están dedicadas al México prehispánico, y las de la 1ª planta, al contemporáneo.

La espectacular fuente del patio, *El paraguas,* refleja nuestra conexión con la naturaleza. En cada lado presenta una escultura diferente: la del este muestra la integración de México; la del oeste, al México que mira hacia el exterior; y las del norte y el sur, la lucha por la libertad.

Prehistoria y Teotihuacán

Se empieza por la Introducción a la Antropología y se sigue en sentido antihorario. Las primeras salas muestran cómo llegaron los primeros habitantes del hemisferio y cómo pasaron de ser cazadores nómadas a adoptar una vida agrícola más asentada en las montañas centrales de México.

RICHARD ELLIS/ALAMY

Muchos visitantes van directos a la sala de Teotihuacán, con maquetas y objetos del primer gran estado de las Américas. De ahí se pasa a la sala de los toltecas, donde hay un atlante de basalto del templo de Tlahuizcalpantecuhtli, en Tula.

'Piedra del Sol' azteca

La siguiente sala está dedicada a los mexicas (aztecas). Allí se encuentra la famosa *Piedra del Sol,* descubierta bajo el Zócalo en 1790, y otras magníficas esculturas del panteón de divinidades aztecas.

Las salas siguientes muestran las civilizaciones de Oaxaca y el golfo de México, con dos cabezas olmecas de piedra de 20 toneladas. No hay que perderse la asombrosa réplica a escala natural de la tumba del rey Pakal, descubierta en el interior del templo de las Inscripciones de Palenque.

UNA PAUSA
Hay muchísima historia por absorber, y resulta muy práctico que dentro del museo la **Sala Gastronómica** (p. 109) permita aprender sobre la deliciosa gastronomía mexicana.

Castillo de Chapultepec

El **castillo de Chapultepec** es un recordatorio visible de la antigua aristocracia mexicana. Los interiores lujosos e impresionantes vistas de esta antigua residencia imperial convertida en museo ofrecen a los visitantes una idea de la opulencia y esplendor con que vivían los gobernantes de antaño.

PLANO: P. 100 **G5**

CONSEJO
Para llegar al castillo, se sigue la carretera colina arriba por detrás del monumento a los Niños Héroes o se toma el trenecito que pasa cada 15 minutos.

Escanea este código QR para precios, horarios y demás.

Historia

El castillo se empezó a construir en 1785 como residencia de verano para el virrey, pero no se completó hasta después de la independencia, cuando se convirtió en la Academia Militar Nacional. Cuando Maximiliano y Carlota llegaron para encabezar el Segundo Imperio Mexicano en 1864, lo remodelaron para adoptarlo como residencia. Fue la residencia presidencial hasta 1939, cuando el presidente Lázaro Cárdenas lo transformó en Museo Nacional de Historia.

Para los mexicas de la época de Nezahualcóyotl, esta ubicación era sagrada; construyeron templos y estudiaron el movimiento de las estrellas.

Objetos y murales de la independencia

Al entrar, conviene alzar la vista para ver el mural del techo dedicado a los Niños Héroes, que murieron en 1847 defendiendo el castillo de las fuerzas estadounidenses durante la guerra contra EE UU.

En la planta baja, la exposición relata la evolución de la Nueva España colonial hasta la Revolución mexicana mediante objetos emblemáticos como la espada que empuñó José María Morelos en el sitio de Cuautla y el estandarte de la Virgen de Guadalupe que portó

JORGEPM/SHUTTERSTOCK

Miguel Hidalgo en su marcha por la independencia. Los murales muestran interpretaciones dramáticas de la historia de México y son de muralistas de renombre, como el *Retablo de la Independencia* de Juan O'Gorman.

En la planta superior, están las salas opulentas que ocupó Porfirio Díaz, que a finales del s. XIX fue el primer presidente en usar el castillo como residencia.

Palacio y vistas

La parte oriental del castillo conserva el palacio de Maximiliano y Carlota, cuyos salones se decoraron con arte traído de la Exposición Universal de Londres. Destaca su carroza de rojo y oro, que se puede ver de cerca. El palacio da a una terraza con vistas panorámicas a la ciudad.

UNA PAUSA
Los puestos de comida y las tiendas están bastante lejos (y cuesta arriba), por lo que se recomienda optar por la **terraza,** con gran aforo.

 **CIRCUITO A PIE**

Por el bosque de Chapultepec

En el bosque de Chapultepec se puede ir de un museo a otro, y pasear por las amplias zonas verdes del bosque a ambos lados de Reforma, donde artistas callejeros, museos de arte, un palacio, una fuente de inspiración azteca y un rincón secreto donde relajarse se integran en la naturaleza.

INICIO	FINAL	DURACIÓN
Museo Nacional de Antropología	Monumental Fuente de Nezahualcóyotl	3 km; 2 h

1 Artistas voladores

Se empieza en una esplanada a unos 100 m de la entrada al Museo Nacional de Antropología, donde los indígenas totonacas muestran su espectacular danza de los **voladores** descolgándose atados por los pies desde un poste de 20 m cada 30 min (se paga la voluntad).

2 Arquitectura tectónica

Un camino conduce por el parque Tamayo hasta el diminuto **Museo Tamayo,** que ofrece una gran exposición temporal junto a obras permanentes. Pero lo más interesante es el edificio. Fue diseñado para simular unas placas tectónicas surgiendo de la tierra con parte de Chapultepec alrededor, y su interior está inundado de luz natural.

3 Un museo sin paredes

Cruzando el paseo de la Reforma, los artistas emergentes exponen su obra al aire libre en la **Galería Abierta de las Rejas de Chapultepec.**

4 Dos Fridas

El **Museo de Arte Moderno** (p. 108) acoge la impactante obra de Frida Kahlo *Las dos Fridas.* Fuera, el jardín está salpicado de esculturas de artistas mexicanos, como las mariposas abstractas de Ángela Gurría. Los dos edificios circulares del museo están curva-dos para integrarse en el paisaje que los rodea.

5 Arte en el castillo

Por el parque y por su perímetro abundan los caminos al **castillo de Chapultepec** (p. 104). Este castillo (con entrada), palacio y antigua residencia real tiene numerosas salas suntuosas con esculturas, murales, vitrales y hasta una carroza, además de vistas panorámicas al parque y a Reforma. Incluso si no se entra, se puede caminar hasta la entrada y admirarlo desde lejos.

6 Jardín secreto

Detrás del castillo está **Audiorama,** un jardín secreto donde leer en una pequeña biblioteca, echar una siesta o soñar despierto mientras suena música por los altavoces de los árboles.

7 Fuente de los coyotes

Si se sale por la derecha y se sigue la calzada del Rey hacia el oeste, se llega a la **Monumental Fuente de Nezahualcóyotl,** donde el agua brota por las fauces de unos coyotes. La mayor fuente del parque combina la arquitectura azteca con formas geométricas y fue diseñada por el escultor mexicano Luis Ortiz Monasterio, que se inspiró en una presa innovadora creada por Nezahualcóyotl para frenar las inundaciones en la antigua Tenochtitlán.

EXPERIENCIAS

Ver arte internacional en el emblemático Museo Soumaya

MUSEO

PLANO: **1** P. 100 **B1**

El exterior del **Museo Soumaya** (*museosoumaya.org; gratis),* con forma de reloj de arena plateado, eclipsa el arte que hay en su interior, propiedad del millonario mexicano Carlos Slim. El gigante de seis plantas contó con el asesoramiento arquitectónico de Frank Gehry y contiene más de 60 000 obras. Lo más destacado está en la última planta: fantásticas esculturas de Auguste Rodin, como iteraciones de su famoso *Pensador,* y de Salvador Dalí. También hay murales de Rivera y Siqueiros, pintura impresionista y una escultura de Botero.

Exprimir el arte contemporáneo en el Museo Jumex

MUSEO

PLANO: **2** P. 100 **B1**

El único heredero de la empresa de zumos Jumex ha amasado una de las principales colecciones de arte contemporáneo de Hispanoamérica en el **Museo Jumex** (*fundacionjumex.org; gratis).* Las exposiciones temporales destacan obras de su fondo de unas 2600 obras de reconocidos artistas mexicanos e internacionales como Gabriel Orozco y Jeff Koons. La inconfundible cubierta serrada del museo responde a la falta de uniformidad arquitectónica de la zona.

Aprender sobre los ajolotes en el Papalote Museo del Niño

MUSEO

PLANO: **3** P. 100 **D6**

Los niños no se querrán marchar del **Papalote Museo del Niño** (*papalote.org.mx; planetario/museo/ acceso a todo 60/240/280 MXN),* un innovador museo interactivo donde pueden crear un programa de radio, descubrir al científico que llevan dentro, participar en una excavación arqueológica o probar aparatos tecnológicos y juegos. Pueden ver ajolotes y flora de Xochimilco, aprender sobre la vida en CDMX y probarse vestimentas de otras épocas.

Conocer a las dos Fridas en el Museo de Arte Moderno

MUSEO

PLANO: **4** P. 100 **G4**

Cerca del castillo de Chapultepec está el **Museo de Arte Moderno** (*mam.inba.gob.mx; adultos/niños 90 MXN/gratis, do gratis).* Su colección incluye *Las dos Fridas,* quizá la obra más conocida de Frida Kahlo.

Otras obras destacables de artistas mexicanos del s. xx y contemporáneos incluyen una sala de fotografías, un jardín de esculturas y lienzos de Dr. Atl, Rivera, Siqueiros, Orozco, Remedios Varo, Tamayo y O'Gorman.

Lo mejor para...

$ Económico $$ Medio $$$ Alto

Comer

Tacos

Taquería El Turix $

 C3

Su cochinita pibil (cerdo marinado) es increíble. Los tacos o tortas (bocadillos) se pueden coronar con cebolla encurtida y salsa de habanero de Yucatán. *11.30-23.30 lu-sa*

El Rey del Suadero $

6 F2

Tiene dos de los tacos más emblemáticos de la capital: de suadero (vacuno) y al pastor (cerdo marinado al espetón). *9.00-2.00*

Mexicana de talla mundial

Sala Gastronómica $$

 F4

Atractivo restaurante en el Museo Nacional de Antropología. Presenta un menú dividido por regiones que incluye la cochinita pibil maya. *9.00-17.00 ma-sa*

Pujol $$$

 D2

El galardonado chef Enrique Olvera combina platos oaxaqueños con sabores asiáticos en un fantástico menú degustación. *13.30-21.30 lu-sa*

Quintonil $$$

 E3

Lleva tiempo colándose en la lista de "50 mejores restaurantes del mundo" por su creativa cocina mexicana tradicional. *13.00-16.00 y 18.30-24.00 lu-sa*

Dulce Patria $$$

 D3

Propiedad de la autora de libros de cocina Martha Ortiz, convierte platos mexicanos tradicionales en auténticas delicias. *13.30-23.30 lu-sa, hasta 17.30 do*

Beber

Cócteles

La Terraza

 E2

En lo alto del hotel de diseño Hábita, ofrece mar-

Localizaciones en el plano de la **p. 100**

tinis exóticos con vistas a la ciudad. *8.00-22.00*

Limantour Polanco

 D3

Sus cócteles están entre los mejores del mundo, con combinados creativos como Mr. Pink, un cóctel de ginebra y romero con un toque de pomelo. *17.00-23.00 do-ma, 16.00-2.00 mi-sa*

Comprar

Arte y artesanía

Ensamble Artesano

13 D2

Boutique de menaje con textiles mexicanos, cerámica y artesanías tradicionales en colores sutiles con un estilo rústico pero lujoso. *10.00-20.00*

Pasaje Polanco

14 D3

Complejo con clase de *boutiques* sofisticadas, tiendas especializadas y una gran tienda de artesanía donde encontrar bolsos, máscaras de lucha y artesanía del Día de Muertos. *11.00-19.00*

Sugerencias de lugares para comer, beber y comprar en **p. 119**

Explora
San Ángel

Este lugar, donde se asentaron los primeros monjes dominicos poco después de la conquista, conserva su esplendor virreinal a pesar de haber sido engullido por la metrópolis. Sus raíces como ciudad-monasterio carmelita son visibles en el templo del Carmen, donde aún se pueden visitar las momias de la cripta. El gran mercado de artesanía del sábado refleja la reputación de San Ángel como refugio de artistas y gente de dinero. Sus residentes más famosos fueron la pareja de artistas Frida Kahlo y Diego Rivera, cuyos estudios contiguos siguen atrayendo visitantes. Un paseo desvela el alma adoquinada de este enclave de mansiones virreinales.

Cómo desplazarse

 A pie
Recorrer las calles secundarias permite admirar las mansiones que recuerdan a haciendas.

Autobús
La estación de La Bombilla (línea 1 de metrobús, roja) está cerca de los puntos de interés y conecta directamente con la Zona Rosa y Condesa.

Metro
La parada de Miguel Ángel de Quevedo está 1 km al este, y la de Barranca del Muerto, 1,5 km al norte.

Coche
Coyoacán y el Museo Frida Kahlo están a 15-20 minutos en coche.

LO MEJOR

LA OTRA CASA DE FRIDA
Museo Casa Estudio Diego Rivera y Frida Kahlo (p. 114)

COMPLEJO RELIGIOSO
Museo de El Carmen (p. 118)

RESTAURANTE ESPECIAL
San Ángel Inn (p. 119)

MERCADO DE ARTESANÍA
Bazaar Sábado (p. 118)

MANSIONES Y ARQUITECTURA
Centro Cultural San Ángel (p. 117)

Museo de El Carmen (p. 118).
BRESTER IRINA/SHUTTERSTOCK

This is a map of San Ángel.

Map labels:

- Río San Ángel
- Desierto de los Leones
- Obregón
- Angelina
- Av Revolución
- José María de Teresa
- María Luisa
- San Carlos
- Reforma
- Reyna
- Av Altavista
- Santísimo
- Reforma
- Reyna
- Arturo
- Fresnos
- Campestre
- Caluio
- Diego Rivera
- Diego Rivera
- Jardín
- Catarina
- Casa
- Av Altavista
- Calz Santa Catarina
- Larcano
- Leandro Valle
- La Cila
- Simón Yaño

- Miguel Ángel de Quevedo (725m)
- Plaza San Luis Potosí
- Jardín de la Bombilla
- Pabellón Altavista
- Pabellón Altavista
- Av Revolución
- Mercado de flores
- Av Altavista

Museo Casa Estudio Diego Rivera y Frida Kahlo

500 m

N

Más información

Imprescindible	★	p. 114
Experiencias	❋	p. 118
Comer	×	p. 119
Beber	🍷	p. 119
Comprar	🛍	p. 119

Carmen

Josefina Prior

Av Insurgentes Sur

Fresno

Checa

Pimentel

Río Chico

Monasterio

Museo de El Carmen

Plaza del Carmen

Av Revolución

Av Insurgentes Sur

Dr. Gálvez

Dr. Elguero

Mercado Melchor Múzquiz

Av Revolución

Arteaga

Altamirano

Museo Casa del Risco

Amargura

Hidalgo

Frontera

Jardín del Arte

Plaza San Jacinto

Santísimo

Plaza Tenanitla

Juárez

Bazaar Sábado

Reforma

General Rivera

SAN ÁNGEL

Plaza de los Licenciados

Hidalgo

Árbol

Frontera

Galeana

Altamirano

Quemado

Plaza Opción

SAN ÁNGEL

Museo Casa Estudio Diego Rivera y Frida Kahlo

Esta es la otra casa azul de Frida Kahlo. La artista vivió en ella con Diego Rivera de 1934 a 1940, y el camino que une sus estudios muestra cómo eran sus vidas, conectadas pero separadas. El espacio de Kahlo conserva su baño, y el de Rivera, sus enseres.

PLANO: P. 112 **A3**

CONSEJO

El sitio web del museo ofrece una visita virtual de todo el recinto. Los domingos la entrada es gratis y no se llena demasiado.

Escanea este código QR para precios, horarios y demás.

La casa de Rivera

El espacio más interesante de este museo es la vivienda de Rivera, donde se ve su pequeño dormitorio, cuyo contenido, junto con el del baño, es original. Al lado está el estudio de Rivera, con grandes ventanas y su colección de arte popular, con Judas y calaveras de papel maché, muñecas y cerámica. Sus pinceles están a punto y sus tarros de pintura conservan la marca que dejó el agua de colores, como si el artista hubiese salido un momento a media faena. Rivera creó 3000 obras de arte en el lugar hasta su muerte en 1957. En su despacho se puede ver su colección de libros. En la azotea hay una pasarela que conduce a la casa de Kahlo, pero está cerrada al público. Hay que entrar por la planta baja.

La casa de Frida

Frida Kahlo pintó aquí dos obras que establecieron su maestría: *Lo que el agua me dio* y *El difunto Dimas,* sobre un niño fallecido.

Es un edificio muy pequeño, modesto y casi vacío, a excepción de las exposiciones temporales. Visitarlo tras ver el estudio de Rivera evidencia el contraste que había entre ellos. En el espacio de Kahlo reina la austeridad: una pequeña cocina, un dormitorio con cama individual y un baño

JEFFREY ISAAC GREENBERG 2+/ALAMY

oscuro. Todo excepto la grifería de la bañera es original. El nivel superior era el estudio de Kahlo, con ventanas en tres paredes. En el entrepiso se pueden ver los sillones verdes en los que Kahlo descansaba de su dolor de espalda con vistas al estudio de Rivera.

Arquitectura funcionalista

El museo, diseñado por el arquitecto y pintor Juan O'Gorman, amigo de Frida y Diego, recuerda a las casas de pueblo por sus colores, la valla de cactus y los techos de arcilla. O'Gorman siguió el funcionalismo, dejando a la vista elementos constructivos como las tuberías rojas. La sencillez de su estilo ofendió a las clases altas de las mansiones vecinas de San Ángel, pero la calle sigue llevando con orgullo el nombre de Diego Rivera.

UNA PAUSA
Enfrente está el lujoso restaurante mexicano **San Ángel Inn** (p. 119). Almorzar en la antigua hacienda donde se elaboraba pulque ayuda a contextualizar la vida de los artistas.

CIRCUITO A PIE

Paseo por San Ángel

Los museos y las casonas a imagen de las haciendas remiten a una época anterior a la expansión de la capital. El ambiente de pueblo se respira en sus calles adoquinadas, en el hogar de Frida Kahlo y Diego Rivera, y terminando la visita en los restaurantes y tiendas de su irresistible plaza.

INICIO	FINAL	DURACIÓN
Plaza San Jacinto	Museo Casa Estudio Diego Rivera y Frida Kahlo	2,4 km; 2½ h

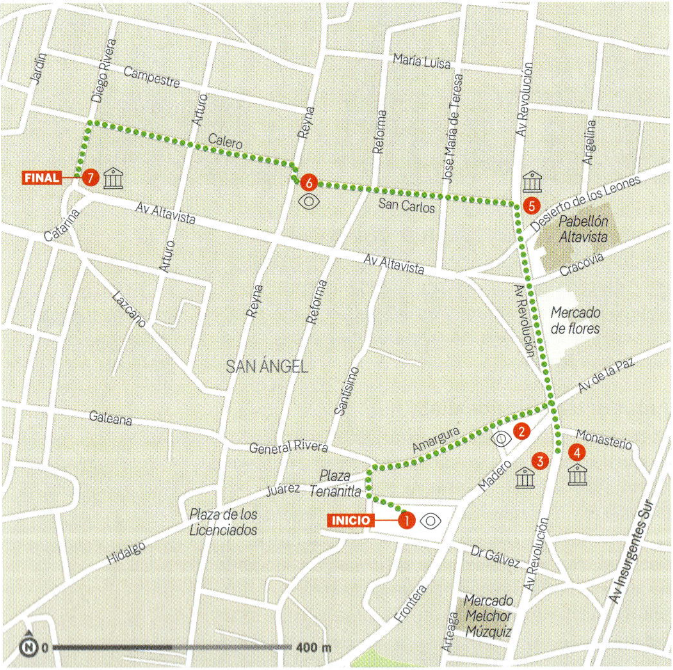

1 Un mercadillo central

El centro de San Ángel, la **plaza San Jacinto** (p. 118) se llena de artesanos y pintores en el **Bazaar Sábado** (p. 118). En cualquier otro momento, las tardes terminan con un helado y con cenas entre lucecitas en los restaurantes de la plaza. El festival de las flores se celebra en julio.

2 Calles y zonas verdes

En las mansiones de la adoquinada calle de la Amargura residieron personajes ilustres como el expresidente Porfirio Díaz. La **plaza del Carmen** es una de las muchas zonas verdes de San Ángel.

3 Antiguo palacio

En el encantador mercado del Carmen se puede parar a tomar algo antes de visitar el **Centro Cultural San Ángel,** antiguo palacio municipal.

4 Las momias del monasterio

Vale la pena visitar las momias de la cripta del **Museo de El Carmen** (p. 118). El monasterio de El Carmen fue el germen de San Ángel como puesto fronterizo de la capital en un entorno rural. Su iglesia de tres cúpulas se encuentra al lado. El museo es una antigua escuela de los carmelitas y se cree que los cuerpos momificados son de benefactores de la orden del s. XVII.

5 Grandes obras

Al exterior le pesan los años, pero el arte contemporáneo de su interior está en plena forma. **Carrillo Gil** fue uno de los primeros espacios dedicados al arte contemporáneo de la capital y conserva algunas obras de Diego Rivera, José Clemente Orozco y David Alfaro Siqueiros.

6 Las mansiones

Lo primero en lo que piensan los chilangos (personas de Ciudad de México) cuando se menciona San Ángel son las opulentas casas de este pueblo dentro de la ciudad. Paseando por la calle San Carlos (que se convierte en la calle Calero) se verán algunas de estas **mansiones,** tan grandes que pueden tener varias entradas. Las calles adoquinadas se construyeron para que pudiesen circular las carrozas de los ricos residentes españoles durante el período colonial.

7 Universos artísticos

En las casas del **Museo Casa Estudio Diego Rivera y Frida Kahlo** (p. 114) vivió y trabajó la famosa pareja de artistas. Recuerdan a las de un pueblo y, a diferencia de las altas barreras de la propiedad de Kahlo en Coyoacán, la valla de cactus del museo parece fundirse con el paisaje de San Ángel.

EXPERIENCIAS

Explorar las momias de una iglesia carmelita

MUSEO

PLANO: **1** P. 112 **E5**

El germen de San Ángel es el magníficamente conservado **Museo de El Carmen** (*elcarmen.inah.gob.mx; adultos/niños 60 MXN/gratis, do gratis*). El templo del Carmen era un monasterio y colegio que construyeron los carmelitas descalzos en 1615. El pueblo azteca de Tenanitla, en torno al cenobio, se convirtió con el tiempo en San Ángel. En la actualidad, la iglesia es un ejemplo interesante de arquitectura herreriana, con cúpulas cubiertas de azulejos talavera de Puebla y un altar barroco.

Al lado, hay un almacén de arte sacro en una antigua escuela de los carmelitas con óleos del maestro mexicano Cristóbal de Villalpando, pero lo más interesante es la colección de momias de la suntuosa cripta. Se cree que son los cuerpos de benefactores de la orden del s. XVII; fueron descubiertos por los zapatistas durante la Revolución, cuando buscaban un supuesto tesoro enterrado.

En el patio puede verse un acueducto que los carmelitas usaban para regar los huertos del monasterio.

Curiosear por un mercado de artesanía

MERCADO

El **Bazaar Sábado** (PLANO: **2** P. 112 **D5**) de la **plaza San Jacinto** (PLANO: **3** P. 112 **D6**), 500 m al oeste de la avenida Insurgentes, atrae a familias locales y amantes del arte que acuden los sábados a curiosear entre magnífica artesanía mexicana: joyería, madera, cerámica y textiles, incluida plata de Taxco y arte huichol con cuentas de Zacatecas. También hay artistas y artesanos en la misma plaza San Jacinto y en la contigua plaza Tenanitla.

Maravillarse ante el arte barroco mexicano

MUSEO

PLANO: **4** P. 112 **D5**

En el patio del **Museo Casa del Risco** (*museocasadelrisco.org.mx; 10.00-17.00 ma-do*), a mitad del lado norte de la plaza San Jacinto, hay una elaborada fuente del s. XVIII y un inusual mosaico de azulejos talavera y porcelana china. Isidro Fabela, un intelectual y juez cuya fantástica colección se expone al completo, residió en el actual museo. En la planta de arriba hay numerosos cuadros del barroco mexicano y de la Europa medieval. En el s. XVIII, la ostentosidad del barroco permitía a las élites presumir de sus lujosos interiores.

Lo mejor para...

$ Económico $$ Medio $$$ Alto

Localizaciones en el plano de la **p. 112**

Comer

Estilo elegante

San Ángel Inn $$$

 A3

Platos mexicanos clásicos en el jardín de una casa histórica. Destaca el pollo con mole almendrado.
12.00-24.00 lu-sa, hasta 22.00 do

Taberna del León $$$

6 **B8**

Mónica Patiño es una chef famosa que aporta una visión innovadora a la cocina tradicional. La especialidad es el pescado, como el róbalo (parecido a la lubina) en salsa de tres chiles.
13.30-23.00 lu-ju, hasta 24.00 vi y sa, hasta 18.00 do

Estilo informal

Barbacoa de Santiago $

7 **D6**

Taquería rápida y ase-quible junto a la plaza, famosa por su barbacoa y sus flautas ahogadas (tacos enrollados y fritos cubiertos de salsa picante). *10.00-17.30 lu-vi, 9.00-18.30 sa y do*

Mercado del Carmen $$

8 **E5**

Los elegantes lugareños acuden a este mercado de diseño con puestos exclusivos de tacos, hamburguesas, filetes, pastas yucatecas y opciones veganas.
12.00-22.00 lu-mi, hasta 23.30 ju-sa, hasta 19.00 do

Beber

Estilo evocador

La Camelia

9 **D5**

Restaurante-cantina que atrae a mexicanos famosos a San Ángel desde 1931. El tequila y la cerveza mexicana son las otras atracciones.
Horario variable

El Péndulo Cafebrería

10 **E1**

Cafetería-librería alrededor de una palmera cuyo ambiente invita a pasar horas desayunando, tomando café, cerveza o cócteles.
8.00-23.00

Comprar

Arte y artesanía

Bazaar Sábado

véase **2**

Mercado de los sábados con artículos artesanos que están entre los mejores del país: joyería, madera, cerámica, tex-tiles, platería y cuentas.
10.00-19.00 sa

Jardín del Arte El Carmen

11 **E5**

Los sábados soleados pasear, curiosear y charlar con los artistas que venden sus cuadros y fotografías en la plaza del Carmen es un agradable ritual. *9.00-18.00 sa y do*

Sugerencias
de lugares para
comer, beber
y comprar en
p. 130

Explora
Coyoacán

No es de extrañar que el barrio de Frida Kahlo sea visto como un reducto bohemio por el resto de la ciudad. Coyoacán ("lugar de los coyotes" en náhuatl) está unos 10 km al sur del Centro Histórico, fue un pueblo independiente de la capital y conserva su personalidad tranquila, con angostas calles virreinales, cafés y un ambiente animado. Allí vivieron León Trotsky y Kahlo (cuyas casas se han convertido en museos), y la contracultura es seña de identidad del barrio, con plazas llenas de músicos, mimos y mercadillos de artesanía. Coyoacán permite experimentar una versión urbana de la vida de pueblo, comer helado junto a las fuentes de las plazas y pasear por las calles adoquinadas entre jardines llenos de arte.

Cómo desplazarse

 A pie

El centro del casco antiguo son las plazas Hidalgo y Jardín Centenario. Las callejuelas adoquinadas de Coyoacán se disfrutan mejor a pie.

 Metro

La parada de Coyoacán está a 1 km a pie del centro de Coyoacán, y las de Viveros y General Anaya, a 1,5-2 km.

 Coche

Un taxi seguro o un Uber cuestan 120 MXN y tardan 35 minutos desde Roma.

 **Autobús**

Hay autobuses RTP a San Ángel, pero suelen ir muy llenos y con retraso. Las rutas se pueden consultar en Google Maps.

Mercado de Coyoacán (p. 128).
ROAMER.RAT/SHUTTERSTOCK

LO MEJOR

HISTORIA DEL ARTE EN UNA CASA
Museo Frida Kahlo (p. 124)

EPISODIO HISTÓRICO EN UNA CASA
Museo Casa de León Trotsky (p. 129)

PLAZA
Jardín Centenario (p. 127)

COMER EN UN MERCADO
Mercado de Coyoacán (p. 128)

IGLESIA
Parroquia de San Juan Bautista (p. 127)

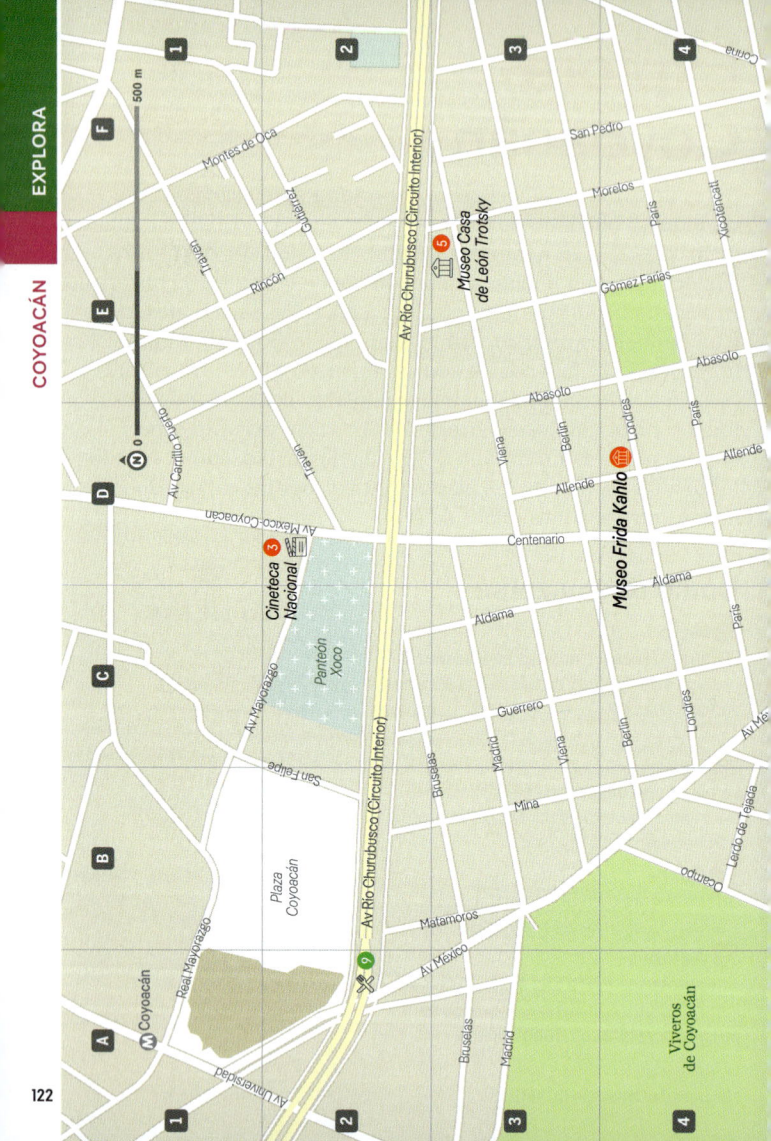

500 m

N 0

Montes de Oca

Gálvez

Travén

Rincón

San Pedro

Morelos

País

Xicoténcatl

Av Río Churubusco (Circuito Interior)

🏛 5 Museo Casa
de León Trotsky

Gómez Farías

Abasolo

Av Cerrillo Puerto

Abasolo

Viena

Berlín

Londres

País

Allende

🏛 Museo Frida Kahlo

Allende

Av México-Coyoacán

Travén

Centenario

Cineteca
Nacional 🏛 3

Aldama

Av Mayorazgo

Panteón
Xoco

Aldama

Guerrero

Berlín

Londres

Av Me

San Felipe

Bruselas

Madrid

Viena

Av Río Churubusco (Circuito Interior)

Mina

Plaza
Coyoacán

Matamoros

Av México

Bruselas

Madrid

Lerdo de Tejada

Ocampo

Viveros
de Coyoacán

Real Mayorazgo

M Coyoacán

Av Universidad

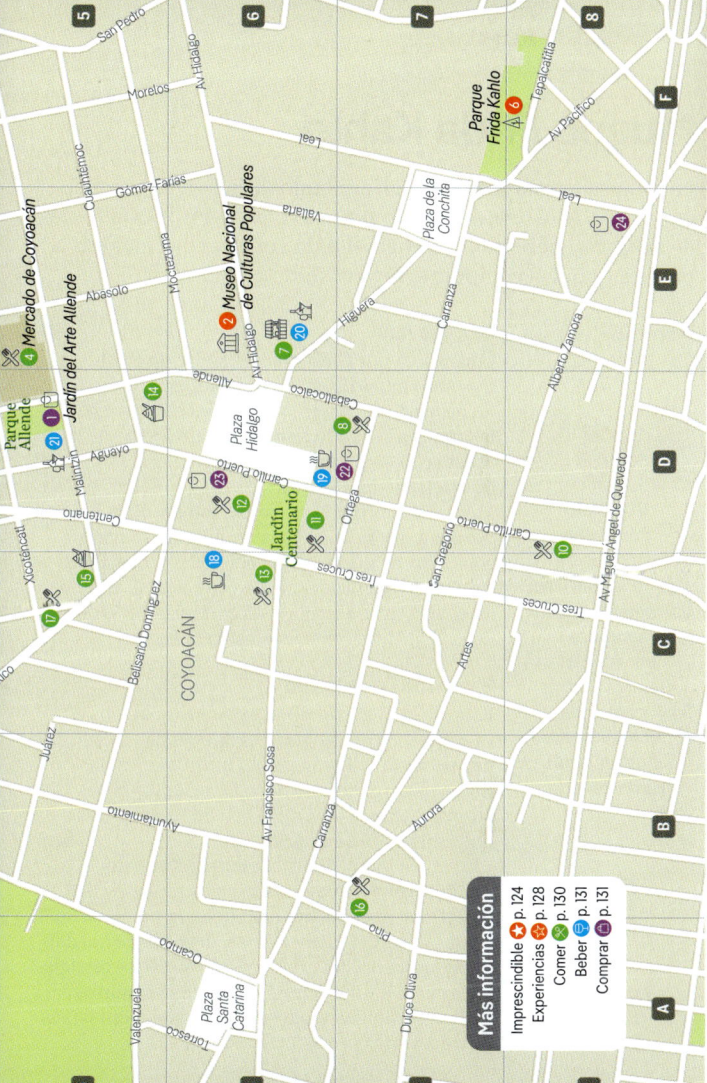

Más información

Imprescindible	⭐ p. 124
Experiencias	✳ p. 128
Comer	✕ p. 130
Beber	🍷 p. 131
Comprar	🛍 p. 131

Parque
Frida Kahlo ⛲ 6

Plaza de la
Conchita

Mercado de Coyoacán 4

Jardín del Arte Allende

Museo Nacional 2
de Cultuas Populares

Parque
Allende 1

Plaza
Hidalgo

Jardín
Centenario

COYOACÁN

Plaza
Santa
Catarina

★ **IMPRESCINDIBLE**

Museo Frida Kahlo

La famosa artista mexicana Frida Kahlo nació, vivió y murió en la Casa Azul, convertida en **museo.** Casi todos los visitantes de la capital peregrinan hasta allí para comprender mejor a la pintora (y quizá comprar algún recuerdo).

PLANO: P. 122 **D4**

CONSEJO
Para evitar las colas sin sombra, conviene comprar las entradas por internet. Hay descuentos con carné de estudiante internacional. Lunes cerrado.

Escanea este código QR para precios, horarios y demás.

La Casa Azul

Construida por Guillermo, el padre de Frida, tres años antes de su nacimiento, está llena de recuerdos y objetos personales que evocan la larga y a menudo tempestuosa relación de la artista con su marido, Diego Rivera, y el círculo de intelectuales de izquierdas al que solían recibir. Menaje de cocina, joyas, ropa, fotos y otros objetos del día a día de la artista comparten espacio con obras de arte y varios objetos prehispánicos y de artesanía mexicana. La colección se amplió en el 2007 tras descubrir en el desván un montón de artículos desconocidos hasta la fecha.

El arte de Frida Kahlo

Expresa la angustia de su existencia y también su coqueteo con las grandes figuras del socialismo: hay retratos de Lenin y Mao junto a su cama. En un cuadro, *Retrato de la familia,* las raíces húngaro-oaxaqueñas de la artista se muestran fantásticamente enmarañadas.

En el recibidor, el primer autorretrato de Kahlo, *Autorretrato con traje de terciopelo* (1926), muestra el dolor de ser abandonada por su primer amor, Alejandro Gómez Arias, después de quedar desfigurada por un accidente de tranvía. Postrada en la cama a los 19 años, le mandó el cuadro a Alejandro suplicándole que le visitase, pero jamás volvió a verlo.

SHAWN GOLDBERG/SHUTTERSTOCK

En el salón cuelga su último cuadro, *Viva la vida,* que firmó ocho días antes de morir en 1954 y es un bodegón de sandías. Se podría interpretar como una celebración de una rica vida interior, quizá irónicamente, teniendo en cuenta el gran dolor físico que sentía.

El dormitorio de Frida

La sección más íntima de la casa es su estudio y dormitorio, donde, postrada en cama y convaleciente de múltiples operaciones de espalda, pintaba autorretratos mediante un espejo instalado sobre la cama. La exposición explora la intersección de su discapacidad, sentido de la moda, ideología, temáticas artísticas y fama.

UNA PAUSA
Se puede descansar en la **cafetería** o en un **banco en el patio** entre arcos de flores y una pirámide escalonada de inspiración azteca hecha de roca volcánica.

125

🏃 CIRCUITO A PIE

Paseo por Coyoacán

Las calles adoquinadas de Coyoacán, llenas de familias y mimos, animan al visitante a explorarlas a paso lento, como si fuese domingo. La historia está viva entre sus plazas y jardines, en la iglesia, la fuente y los edificios. No hay rincón que no sea fotogénico.

INICIO	FINAL	DURACIÓN
Jardín Centenario	Jardín del Arte Allende	0,8 km; 1 h

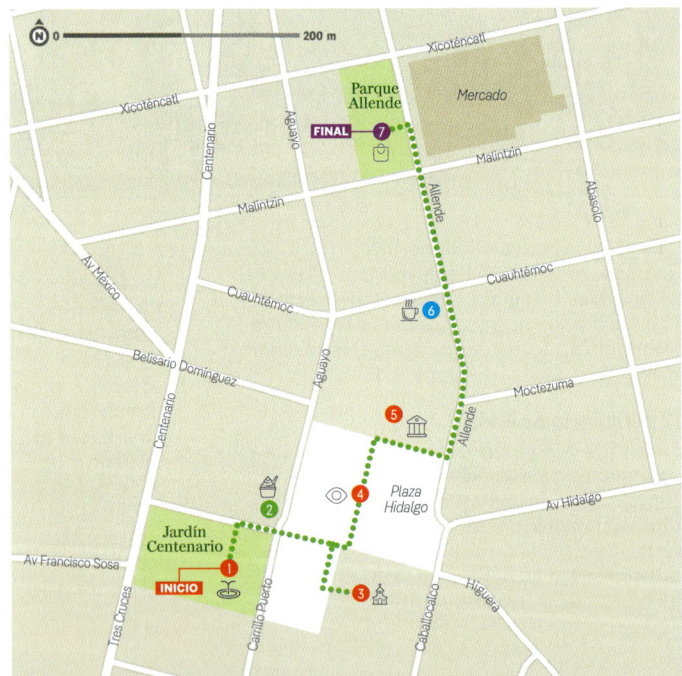

1 Fuente de coyotes

Se empieza en la plaza **Jardín Centenario.** Su fuente con los emblemáticos coyotes de Coyoacán es un tributo al nombre de la localidad, conocida en la época prehispánica como un lugar con abundantes coyotes. Hoy, la luz que se cuela entre los árboles transmite la sensación de oasis familiar típica del barrio.

2 Helados de ensueño

Nada mejor que un helado para acompañar el paseo. **El Kiosko de Coyoacán,** en la esquina nororiental de la plaza es una parada obligatoria los fines de semana y tiene sabores caseros que van del mango con chile al maracuyá.

3 Iglesia y monasterio

Tras cruzar al lado sur de la **plaza Hidalgo,** aparece frente al visitante la **parroquia de San Juan Bautista** (s. xvi) y el antiguo monasterio contiguo. Su doble arcada atrial fue en su día la entrada a la parroquia.

4 Bailarines de vitral

En el este de la plaza Hidalgo hay una estatua de Miguel Hidalgo, padre de la nación, de 1980. Al norte, tras el letrero gigante obligatorio de "Coyoacán", está el **kiosco Coyoacán,** una rotonda del s. xix con cúpula de vitral. Fue donado por el presidente Porfirio Díaz en 1900 para conmemorar el centenario de la independencia.

5 Casa de Hernán Cortés

Detrás del Kiosco está la **casa de Cortés,** donde el conquistador estableció la primera sede municipal de México durante el sitio de Tenochtitlán e hizo torturar a Cuauhtémoc, el emperador derrotado, para que revelase el paradero del tesoro azteca, como ilustra un mural dentro de la capilla. Contrariamente a lo que reza la placa y a la creencia popular, Cortés nunca vivió allí.

6 Café de Veracruz

Se sube por la calle Allende y se pasa por el **Café El Jarocho,** un local emblemático muy popular que sirve café de Veracruz a largas colas de amantes del café. Se recomienda el café de olla, con un toque de canela y otras especias. Dentro no hay asientos, pero se puede tomar el café en el parque.

7 Arte en el parque

Los artistas locales venden sus obras de calidad variable en el **Jardín del Arte Allende** (p. 128) los sábados y domingos. También puede verse la escultura del compositor mexicano Agustín Lara, autor de *Piensa en mí* (1935), que se crio en la zona.

EXPERIENCIAS

Adquirir arte en el Jardín del Arte Allende

ARTE

PLANO: ❶ P. 122 **D5**

Coyoacán es barrio de artistas y naturaleza. Para comprender su día a día, se recomienda pasear por el **Jardín del Arte Allende,** un mercadillo de arte en el parque donde pintores, diseñadores e ilustradores venden sus obras los sábados y domingos.

Admirar la artesanía del Museo Nacional de Culturas Populares

MUSEO

PLANO: ❷ P. 122 **E6**

Cerca del centro de Coyoacán, en el pequeño pero ilustrativo **Museo Nacional de Culturas Populares** (*mncp.cultura.gob.mx; adultos/ niños menores de 12, 21 MXN/ gratis, do gratis*) y su patio se exponen artículos de artesanía y trajes nacionales de todo el país. Los alebrijes (tallas de animales fantásticos) y las máscaras suelen gustar mucho a los niños. Frida Kahlo fue una gran embajadora

de la artesanía mexicana y vestía prendas rurales en sus ahora admirados atuendos.

Ver una película en la Cineteca Nacional

CINE

PLANO: ❸ P. 122 **D2**

Quizá sea un cine, pero la **Cineteca Nacional** tiene el aire de un centro de arte, con un exterior atrevido que bien podría ser el de un museo. En sus diez pantallas se proyecta a diario cine independiente nacional e internacional en versión original subtitulada al español. De octubre a marzo hay cine al aire libre en el jardín.

Darse un homenaje en el mercado de Coyoacán

MERCADO

PLANO: ❹ P. 122 **E5**

Una tostada es una tortilla crujiente cubierta de pescado o marisco y es el antojito estrella en el **mercado de Coyoacán** (*gratis*). Tiene todos los elementos de un mercado mexicano tradicional, pero el verdadero reclamo son las tosta-

---

 EL UNIVERSO FRIDA KAHLO

El dolor, físico y emocional, es un tema central en la obra de Frida Kahlo. Nació en Coyoacán en 1907, de padre húngaro judío y madre oaxaqueña, y contrajo la polio a los seis años, que le dejó secuelas permanentes en la pierna derecha. En 1925, sufrió lesiones espantosas en un accidente de tranvía que le rompió la pierna derecha, la clavícula, la pelvis y varias costillas. Se recuperó milagrosamente, pero convivió con dolores crónicos el resto de su vida. Empezó a pintar durante su convalecencia, retratando su cuerpo con imágenes surrealistas. La relación tormentosa entre Kahlo y Diego Rivera se convirtió en un tema recurrente.

EL DIOS COYOTE DEL PLACER DE COYOACÁN

A finales del s. XII, el pueblo tepaneca fundó un asentamiento en la orilla sur del lago de Texcoco, en el valle de México. Lo llamaron Coyoacán, "lugar de muchos coyotes" en náhuatl. Para los tepanecas y los mexicas, los coyotes eran símbolo de astucia. La divinidad de género fluido Huehuecóyotl era el "Viejo Coyote", dios de los placeres físicos. En 1519, los tepanecas lucharon junto a Hernán Cortés contra los mexicas. Tras la conquista, Coyoacán siguió siendo un municipio independiente hasta 1857, cuando se integró en Ciudad de México. La fuente de los coyotes, en el centro de Coyoacán, recuerda su historia tepaneca.

das. Las hay de pulpo, jaiba (cangrejo), atún o la clásica de camarón (ceviche de gambas marinadas en lima) con aguacate.

Es un buen lugar en el que hacer un alto entre el Museo Frida Kahlo y la plaza mayor de Coyoacán.

Explorar el Museo Casa de León Trotsky MUSEO

PLANO: **5** P. 122 **E3**

La casa de Trotsky, ahora **Museo Casa de León Trotsky** *(museo casadeleontrotsky.blogspot.com; 40 MXN),* se conserva casi como estaba el día en que un agente de Stalin, el catalán Ramón Mercader, dio con el revolucionario y le hundió un piolet en la cabeza. Hay objetos personales y notas biográficas en los edificios junto al patio, donde descansan sus cenizas en una tumba con la hoz y el martillo. Aunque había llegado a ser el segundo de Stalin en la lucha de poder que sucedió a la muerte de Lenin, Trotsky fue expulsado

en 1929 y condenado a muerte *in absentia.* En 1937 encontró refugio en México. Al principio, Trotsky y su mujer, Natalia, vivieron en la Casa Azul de Frida Kahlo, pero tras una discusión se mudaron a una casa cercana.

En el dormitorio se conservan los agujeros de bala de un intento de asesinato anterior.

La entrada está en la parte trasera, que da a la avenida Río Churubusco. Hay información sobre visitas guiadas.

Posar con estatuas de Frida en el parque Frida Kahlo PARQUE

PLANO: **6** P. 122 **F8**

Hay dos esculturas de bronce de Kahlo en el **parque Frida Kahlo** *(gratis),* tranquilo e ideal para niños. Una de ellas recibe al visitante en la entrada sobre una réplica de la pirámide que hay en su Casa Azul. En la otra, la artista aparece junto a su marido, Diego Rivera, delante de unas buganvillas.

Lo mejor para...

 Económico   Medio Alto

Localizaciones en el plano de la **p. 122**

Comer

Económica

Mercado de Antojitos Mexicanos Juanita

7 E6

Cerca de la plaza mayor de Coyoacán, este animado mercado tiene toda clase de puestos de comida, como quesadillas fritas, pozoles y esquites (maíz hervido). Se identificará por el tejado rojo. *8.00-23.00*

Tamales Chiapanecos María Geraldine

8 D7

Tamales increíbles preparados por una chiapaneca. Envueltos en hoja de plátano, rellenos de ingredientes como aceitunas, ciruelas y almendras, y bañados en salsas sublimes, son un plato completo. *16.00-22.30 vi, desde 11.00 sa y do*

Super Tacos Chupacabras

9 A2

Maravillosos tacos de vacuno y salchicha con asientos bajo un paso elevado. La especialidad es el "Chupa", un taco de carnes mixtas con 127 ingredientes secretos, o eso dicen. *24 h*

Duke's

10 D8

Hamburguesas clásicas, pero con opciones curiosas como láminas de manzana y boniato frito, y deliciosas cervezas artesanas para tomar en la terraza. *14.00-23.00 mi-do*

Mexicana de nivel

Los Danzantes

11 D6

Cocina tradicional con un toque contemporáneo en platos como los raviolis de huitlacoche (hongos del maíz parecidos a la trufa) con salsa de chile poblano. También hay mezcal de calidad de su famosa destilería. *12.00-23.00 lu-ju, 9.00-24.00 vi y sa, hasta 23.00 do*

Corazón de Maguey

12 D6

Atractivo restaurante que sirve platos típicos de las regiones productoras de mezcal, como los chiles anchos rellenos de Querétaro, las tlayudas (tortillas grandes dobladas) de Oaxaca y la lengua de vaca en mole rojo de Puebla. *12.00-23.00 lu, 9.30-23.00 ma-ju y do, hasta 24.00 vi y sa*

La Calaca

13 C6

Colorido restaurante con patio decorado con esqueletos que ofrece excelentes molcajetes (carne a la parrilla en un recipiente de piedra). *12.00-24.00 lu-mi, hasta 2.00 ju-sa, 10.00-22.00 do*

Dulces

Churrería General de la República

14 D5

Los mejores churros de Coyoacán, rellenos de chocolate o rebozados en azúcar. *9.00-24.00 ma-vi y do, hasta 22.30 sa*

Picnic Helados ⊝
 15 C5

Sus helados y sorbetes ecológicos ganan por goleada a los hielos de colores sospechosos de otras heladerías. Se recomienda el de mamey, el sorbete de guanábana o el de café con cardamomo. *11.00-19.00 sa*

'Brunch' de panadería

Café Ruta de la Seda ⊝
16 B7

Salta a la vista que todo está hecho con amor. Los pasteles ecológicos con lavanda o el *matcha* son tan deliciosos como los cruasanes, los cafés con leche al cardamomo y las conchas (bollos glaseados). *8.00-22.00*

La Casa del Pan Papalotl ⊝
17 C5

Vegetariano muy popular con terraza donde desayunar huevos ecológicos y pan recién hecho. Para almorzar, triunfa la lasaña con flores de calabaza, champiñones y chile poblano. *8.00-22.00*

Beber

Café

Café Negro
18 C6

El mejor café en kilómetros a la redonda, con lámparas de estilo chic industrial para trabajar aprovechando la wifi. Tienen chapatas de nopal (cactus), ensalada de higos, pasta vegetariana y pastas mexicanas. *8.00-23.00*

Boicot Café Coyoacán
19 D6

Gran variedad de cafés, *matcha* y batidos en un espacio retro de diseño gráfico. *7.30-22.00 do-mi, 8.00-24.00 ju-sa*

Cerveza

Cantina La Coyoacana
20 E6

En la cantina tradicional más famosa de Coyoacán se entra por la puerta de vaivén y se va directamente al patio, donde esperan los mariachis. *13.00-24.00 lu y ma, hasta 1.00 mi-sa, hasta 22.00 do*

La Bipo
21 D5

Esta imitación de cantina pone en juego los elementos más *kitsch* de la cultura popular mexicana y bebidas a buen precio para atraer a una clientela joven. Los DJ pinchan de miércoles a sábado. *13.00-24.00 lu-mi, hasta 2.30 ju-do*

Comprar

Artesanías

Casa de Luna
22 D7

Colección bien considerada de cerámica y artesanías únicas a precios razonables y personal experto. Es una forma fácil de encontrar cubertería de calidad, bolsos tejidos y nichos (cajas con esqueletos). *11.00-19.00*

Bazar Artesanal Mexicano
23 D6

Vale la pena si se quieren comprar muchos recuerdos básicos y de artesanía a buen precio. *11.00-20.00 lu-ju, hasta 21.00 vi-do*

La Mercantil de Diseño
24 E8

Cerámica, textiles y muebles de calidad de artesanos mexicanos que no se encontrarán en otros mercados. Escondido cerca del parque Frida Kahlo. *10.00-18.00 ju-ma*

★ **MERECE LA PENA**

Xochimilco

La red de **canales** del sur de la ciudad es un recordatorio de su legado prehispánico. Las chinampas (huertos flotantes aztecas) se siguen usando en la actualidad. Navegar por los canales en una trajinera (embarcación) ricamente decorada puede ser una experiencia tranquila y festiva a la vez.

CÓMO LLEGAR
Desde la parada de metro Tasqueña, se pasa al tren ligero. Xochimilco es la última parada. El precio oficial por hora está establecido en 750 MXN por barca, no por persona. Cuidado con los precios inflados.

Escanea este código QR para acceder al sitio oficial de Xochimilco.

Los jardines del Imperio azteca

En Xochimilco ("lugar donde crecen las flores" en náhuatl), los agricultores apilaron con pericia barro y vegetación en las aguas poco profundas del lago Xochimilco para formar los jardines fértiles conocidos como chinampas. Se convirtieron en una base para la economía del Imperio azteca y su proliferación convirtió el lago en una serie de canales, de los que se conservan 180 km aprox. En las chinampas se sigue cultivando, sobre todo caléndulas, flores de Pascua y plantas de jardín, como muestran los circuitos ecológicos. Xochimilco es Patrimonio Mundial de la Unesco desde 1987.

Las trajineras

Las coloridas trajineras esperan a los pasajeros en los 10 embarcaderos del pueblo para llevarlos por los canales, entre pájaros y árboles. Solo interrumpen la paz algunos vendedores de comida o gente de fiesta. Los embarcaderos más céntricos son los de Belem, Salitre y San Cristóbal, a 400 m de la plaza, y Fernando Celada, en la avenida Guadalupe Ramírez.

En las trajineras caben hasta 18 pasajeros. En los embarcaderos se vende comida y refrescos. No suele haber más de dos chalecos salvavidas por barca. Los fines de semana, hay lanchas colectivas

DGU/SHUTTERSTOCK

(50 MXN por persona) para 60 pasajeros entre los embarcaderos de Salitre y Nativitas.

Isla de las Muñecas

Alquilar una trajinera para ir a la isla de las Muñecas, donde cientos de inquietantes **muñecas rotas** cuelgan de los árboles, es una experiencia surrealista. Cuentan que el cuidador de la isla no logró salvar a una niña de ahogarse. Cuando encontró la que supuestamente era la muñeca de la niña flotando en el canal, la colgó de un árbol. Para apaciguar al espíritu de la pequeña, siguió colgando muñecas durante 50 años, y siguen ahí.

La excursión de ida y vuelta lleva cuatro horas y el mejor punto de partida es el embarcadero de Cuemanco.

UNA PAUSA
Xochimilco es famoso por sus pulquerías rústicas. Al sur de la plaza, en el **mercado de Xochimilco,** cerca del jardín Juárez, venden tamales.

Teotihuacán

Este impresionante **complejo de pirámides** que no tiene nada que envidiar a las ruinas de Yucatán coronó en su día la mayor ciudad de Mesoamérica. El poderío tecnológico de la civilización de Teotihuacán resulta sorprendente, incluso para los aztecas, que al descubrirla la llamaron "el lugar donde se creó a los dioses".

CÓMO LLEGAR
Los autobuses turísticos salen del Zócalo, en CDMX. Turibus ofrece circuitos guiados diarios en microbus. Son puntos de salida el Zócalo, el Auditorio Nacional y el monumento del Ángel de la Independencia.

Escanea este código QR para consultar los horarios.

Calzada de los Muertos

Es la vía principal que conecta casi todos los puntos de interés de Teotihuacán. La puerta 1 conduce a la avenida frente a la Ciudadela. Durante 2 km hacia el norte, la avenida está flanqueada por antiguos palacios de la élite de Teotihuacán y otros edificios importantes, como la pirámide del Sol. La pirámide de la Luna domina el extremo norte. Siglos atrás, la calzada de los Muertos debió de parecer incomparable a los habitantes que pudieron ver los edificios en su esplendor.

Pirámide del Sol

La tercera pirámide más grande del mundo (foto; derecha), solo superada en tamaño por la de Keops en Egipto (que también es una tumba, a diferencia de los templos de Teotihuacán) y la de Cholula, eclipsa el lado oriental de la calzada de los Muertos. En el momento álgido de Teotihuacán, la pirámide del Sol tenía un revestimiento rojo que al atardecer debía parecer un sol radiante. La creencia azteca de que estaba dedicada al dios sol quedó validada en 1971, cuando los arqueólogos descubrieron un túnel de 100 m que unía el lado oeste de la pirámide con una cueva directamente bajo su centro donde

KMATTA/GETTY IMAGES

hallaron objetos religiosos. Se cree que en este lugar ya se veneraba al sol antes de que se construyera la pirámide y que para los habitantes de la ciudad la vida nacía de esta gruta. Antes se podían subir los 248 escalones desiguales de la pirámide y ver la antigua ciudad desde la cima, pero ahora se impide el acceso por motivos de conservación.

Museo del Sitio

Al sur de la pirámide del Sol, es un buen lugar en el que hacer una parada en mitad de la visita al yacimiento. Cuenta con excelentes muestras de objetos, frescos, una experiencia de realidad virtual y una inquietante muestra de esqueletos reales hallados allí que evidencian las antiguas creencias locales sobre la muerte y el más allá. Cerca del museo está el jardín escultórico con

UNA PAUSA
Cerca de la puerta 5, el restaurante **La Gruta** ofrece diversión *kitsch* en una cueva. Se recomienda reservar para los espectáculos de danzas folclóricas los fines de semana.

RESTOS EN LA CIUDADELA

Se han encontrado restos óseos de 137 personas en los alrededores del templo de Quetzalcóatl. Las pruebas de ADN revelan que fueron traídas de distintas partes de Mesoamérica para ser sacrificadas.

objetos de Teotihuacán, el jardín botánico, los servicios, un bar, mesas de pícnic y una librería con regalos de diseño.

Palacio de Tepantitla

Era la **residencia del sacerdote** y está 500 m al noreste de la pirámide del Sol. Contiene el fresco más famoso de Teotihuacán, el ajado *Paraíso de Tláloc*. El dios de la lluvia, Tláloc, aparece asistido por sacerdotes y rodeado de personas, animales y peces. Arriba está el siniestro retrato de la gran diosa de Teotihuacán, considerada la diosa de la oscuridad y la guerra porque suele aparecer rodeada de jaguares, lechuzas y arañas, animales del inframundo. Obsérvese el puente de la nariz, con fauces, y sus escudos adornados con telas de araña.

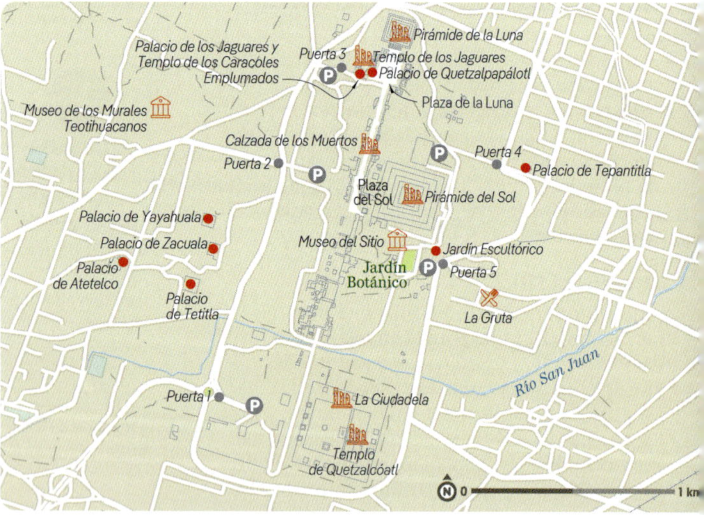

Palacio de los Jaguares y Templo de los Caracoles Emplumados

Puerta 3

Pirámide de la Luna

Templo de los Jaguares
Palacio de Quetzalpapálotl

Plaza de la Luna

Museo de los Murales Teotihuacanos

Calzada de los Muertos

Puerta 2

Puerta 4

Palacio de Tepantitla

Plaza del Sol

Pirámide del Sol

Palacio de Yayahuala

Palacio de Zacuala

Museo del Sitio

Jardín Escultórico

Palacio de Atetelco

Jardín Botánico

Puerta 5

Palacio de Tetitla

La Gruta

Puerta 1

La Ciudadela

Templo de Quetzalcóatl

Río San Juan

N 0 1 km

Pirámide de la Luna

En el extremo norte de la calzada de los Muertos, esta pirámide es más pequeña que la del Sol, pero sus proporciones son más elegantes. Finalizada hacia el año 300, es casi tan alta como la del Sol porque se alza sobre un terreno más elevado. Como ocurre con la del Sol, desde el 2020 no se puede subir por sus escalones. La plaza de la Luna, frente a la pirámide, es una bonita disposición de 12 plataformas de templos. Algunos expertos atribuyen un simbolismo astronómico al número total de 13 (12 plataformas más la pirámide), crucial en el sistema de cálculo de días del calendario ritual mesoamericano. Se cree que en el altar del centro de la plaza se celebraban danzas religiosas.

Museo de los Murales Teotihuacanos

Increíble muestra de los murales de Teotihuacán y de reconstrucciones de otros que se verán en las ruinas. Está detrás y a la izquierda de la pirámide de la Luna.

Palacio de Quetzalpapálotl

En la esquina suroeste de la plaza de la Luna está el **palacio de la Mariposa Quetzal** en el que, al parecer, vivía el sumo sacerdote. Allí se descubrieron los restos de osos, armadillos y otros animales exóticos, lo que prueba que la élite utilizaba la zona para cocinar y para rituales, ya que no son la clase de animales que hubiera consumido cualquier persona. El **palacio de los Jaguares** y el **templo de los Caracoles Emplumados** están detrás y debajo del palacio de Quetzalpapálotl. Los bajos muros de varias cámaras junto al patio del palacio de los Jaguares muestran partes de murales (véase p. 139) donde el dios jaguar sopla caracoles y reza al dios de la lluvia, Tláloc. Hay murales más completos en el Museo del Sitio. El templo de los Caracoles

LA LLAMADA DEL QUETZAL
Dar palmas cerca de la pirámide del Sol o la de la Luna produce un eco similar a la llamada del quetzal, una ave sagrada en la cultura mesoamericana. Se cree que este sorprendente efecto acústico se diseñó intencionadamente.

INGENIOSA CONSERVACIÓN

En Teotihuacán, se usó savia de agave como sellador y repelente del agua para conservar los pigmentos y alargar la durabilidad de los frescos y otras superficies pintadas.

CON POCO TIEMPO

Se recomienda empezar la visita por la puerta 5 e ir directamente a la atracción principal, la pirámide del Sol, sin caminar 2 km por la calzada de los Muertos.

Emplumados, al que se accede por el patio del palacio de los Jaguares, es ahora una estructura subterránea del s. II o III. Las tallas en lo que fue su fachada muestran grandes caracoles, posiblemente usados como instrumentos musicales.

Palacio de Tetitla y palacio de Atetelco

Este grupo de palacios está al oeste, fuera de la zona principal de Teotihuacán, varios cientos de metros al noroeste de la puerta 1. Muchos murales, descubiertos en la década de 1940, están en buen estado o han sido restaurados y se ven perfectamente. Dentro del **palacio de Tetitla,** 120 muros están adornados con murales de Tláloc, jaguares, serpientes y águilas. Unos 400 m al oeste se halla el **palacio de Atetelco,** cuyos vívidos murales de jaguares o coyotes –tanto originales como restauraciones– están en el patio blanco, en la esquina noroeste.

Unos 100 m al noreste quedan el **palacio de Zacuala** y el **palacio de Yayahuala,** dos enormes complejos amurallados que seguramente hicieron las veces de dependencias comunes. Separados por los callejones originales, cuentan con numerosas habitaciones y patios, pero pocos accesos.

La Ciudadela

Se cree que este gran **complejo** cuadrado en el extremo sur de la calzada de los Muertos fue la residencia del gobernante supremo de la ciudad, y sus salas, su centro administrativo. Cuatro anchos muros coronados por 15 pirámides rodean un enorme espacio abierto, con el templo de Quetzalcóatl, una gran pirámide construida hacia el 250, al este. Las pirámides representaban las montañas durante los rituales en los que la plaza, que era la interpretación del mundo de los vivos, era inundada deliberadamente.

ARTURO VEREA/SHUTTERSTOCK

Templo de Quetzalcóatl

La tercera **pirámide** más grande de Teotihuacán es la más ornamentada. Los cuatro cuerpos
escalonados de la fachada que se conservan (tuvo
siete) están adornados con increíbles tallas. En
los tableros (paneles verticales), la deidad de la
serpiente emplumada se alterna con una criatura
con dos colmillos identificada como la serpiente
del fuego, portadora del Sol en su viaje diario por
el cielo. Antaño las cuencas de sus ojos estaban
cubiertas de obsidianas y toda la pirámide estaba
pintada de azul.

La serpiente emplumada es la precursora
de la posterior deidad azteca Quetzalcóatl.
Algunos expertos creen que las tallas del templo
representan la guerra, otros, la creación del tiempo.

**NATURALEZA
INSPIRADORA**
Desde la
pirámide de
la Luna, si el
visitante se
gira para mirar
la del Sol, verá
que la silueta
de la pirámide
reproduce la de
la colina de atrás.

Guía práctica

Cinturones bordados.
J LOVELAND/SHUTTERSTOCK

Viajar en familia

México es un país muy familiar y acogedor para quienes viajan con niños, que disfrutan tanto de las plazas, llenas de fuentes y artistas callejeros, como de los museos interactivos.

Comida

La variada cocina mexicana complace incluso a los más delicados. Los tacos y otros tentempiés de maíz son perfectos para introducir los sabores locales a los niños y, en última instancia, también hay comida rápida como hamburguesas y *pizza*. Las salsas picantes siempre son opcionales.

ENTRADAS

Los museos, yacimientos arqueológicos y algunos hoteles ofrecen descuentos para niños. También hay descuentos familiares en algunas atracciones. En billetes de avión o autobús suele haber descuentos del 50 % para niños de 5 a 12 años.

Cuidado extra infantil

Los niños pueden requerir cuidados adicionales para protegerse del sol y aclimatarse a la altitud. Se recomienda llevar ropa que los cubra, tanto para el sol como para el fresco de la noche. Cuidado al cruzar las calles: los coches no siempre paran en los pasos de peatones y a veces se saltan los semáforos. Nunca hay que dejar a los niños desatendidos en espacios públicos.

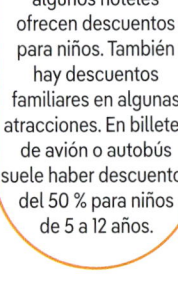

Ideal para niños

Triunfan las actividades del **Museo de Arte Popular** (p. 60), el **Papalote Museo del Niño** (p. 108) y el **castillo de Chapultepec** (p. 104).

Zona de juegos

El **parque México** (p. 93), en Condesa, tiene una zona de juegos vallada en un entorno bonito y seguro.

Alojamiento

Antes de reservar, conviene preguntar si admiten niños. Muchos establecimientos instalan cunas o camas supletorias en la habitación sin cargo. Los apartamentos y alquileres vacacionales suelen tener cocina.

Alojamiento

La capital está llena de opciones de precio medio y alto. En Centro Histórico y Roma hay varios albergues.

Si te gusta...

🏛 **Museos e historia**

Centro Histórico (p. 37) Cerca de las atracciones principales y el bullicio. Hay opciones para todos los bolsillos, pero pocas con personalidad. De noche puede quedar desierto.

CUÁNTO CUESTA

Cama en habitación compartida **desde 250 MXN**

Hotel-*boutique* de gama media **desde 1300 MXN**

Hotel céntrico **desde 800 MXN**

🛍 **Restaurantes y tiendas de lujo**

Polanco y bosque de Chapultepec (p. 90) Cerca de museos y restaurantes de gama alta. Atractivo, pero sin personalidad. Hoteles de cadenas internacionales de lujo.

IMPRESCINDIBLE

★ **Nos encanta...**

Roma (p. 79) Bonitas calles arboladas entre restaurantes interesantes y *boutiques* en mansiones de piedra reformadas. Los alojamientos son sobre todo hoteles de negocios, B&B particulares e incluso hoteles por horas. Los principales puntos de interés están lejos, no así los bares.

🍹 **Calles arboladas, cócteles y restaurantes**

Condesa (p. 91) Maravillosa zona residencial con parques y viviendas de lujo, como sus muchos bares y restaurantes. Hay B&B tipo *boutique*.

🌐 **Vida nocturna**

Juárez y Zona Rosa (p. 69) Embajadas, restaurantes asiáticos, discotecas LGTBIQ+ y bares de deportes. Barrios animados y algo sórdidos los fines de semana.

 Aire bohemio y calles adoquinadas

Coyoacán (p. 121) Cerca del universo de Frida Kahlo pero lejos de todo lo demás. Bonito ambiente de pueblo. Pocas opciones de alojamiento.

Comida, bebida y fiesta

Alergias e intolerancias

Comer fuera en Ciudad de México puede ser difícil, pero no imposible, para las personas que tienen alergias e intolerancias alimentarias. Los restaurantes y los puestos de comida veganos, así como los restaurantes grandes, son los más comprensivos e indican claramente si la comida incluye ingredientes como frutos secos o gluten. Siempre hay que comunicar las alergias al pedir la comida para estar seguros y evitar sustos. Es habitual encontrar leche de soja en las cafeterías modernas.

LA HORA DE COMER

El almuerzo en Ciudad de México es la comida principal y suele durar mucho, mientras que la cena suele ser más ligera. El horario del almuerzo comienza a partir de las 13.00, aunque por lo general lo hace a partir de las 14.00 o incluso las 16.00, cuando los comensales de fondas y restaurantes degustan con calma platos rebosantes de enchiladas.

Fondas

Son restaurantes familiares donde probar cocina casera mexicana. Están por todas partes. El menú del día se muestra en la entrada e incluye una sopa o entrante, un plato principal a elegir y, a veces, bebida o postre por 100-200 MXN.

Cómo pagar la cuenta

Se pide desde el asiento haciendo el gesto de firmar o diciendo "la cuenta, por favor".

Pagar por separado No es habitual, pero los más jóvenes sí lo hacen y lo piden cuando van a pagar. Si no, paga quien haya hecho la invitación.

Propina No se deberían añadir propinas obligatorias a la cuenta, pero sí se espera que se deje una propina en efectivo o con tarjeta. Al pagar con tarjeta, se pide que añadan una propina del 10/15/20 %. Si se pide la cuenta cerrada, no se añade propina a la tarjeta, pero se deja en metálico.

PRECIOS

Estos son los indicadores de precios de un plato principal.

$ menos de 100 MXN
$$ 100-200 MXN
$$$ más de 200 MXN

HORARIOS

Restaurantes
Desayuno 8.00-12.00, almuerzo 13.00-16.00, cena 18.00-21.30
Cafeterías 8.00-21.00 o más tarde
Puestos de tacos 8.00-4.00 o más tarde

 Salir

Cafeterías

Las mejores están en Condesa y Roma. Fuera de estos barrios, la cadena mexicana Tierra Garat es una buena opción con leche de soja gratis.

Discotecas El ocio nocturno se concentra en los bares y discotecas exclusivos de Condesa y Roma. Hay locales de *rock* en Centro y locales gais en Zona Rosa y Centro.

Cuándo ir Los locales se animan a partir de las 23.00. La fiesta puede durar toda la noche o terminar sorprendentemente pronto, a las 2.00.

En la puerta Muchas discotecas dan prioridad a los extranjeros y a los evidentemente ricos. Vale la pena ser amable. Si no se puede entrar, quizá no sea el ambiente ideal para el viajero.

Bares En la capital hay más fiesta en los bares que en las discotecas. Los locales en las azoteas suelen incluir DJ. Las cantinas ofrecen una experiencia más local.

CUÁNTO CUESTA...

Taco en la calle
15-30 MXN

Taco en restaurante
30-100 MXN

Cerveza
50-80 MXN

Cóctel
150-200 MXN

Chupito de mezcal
60-100 MXN

Café con leche
50-70 MXN

Churros
12 MXN

Comunidad LGTBIQ+

La capital es relativamente acogedora con el colectivo. Es poco probable encontrar actitudes hostiles al reservar una habitación doble o demostrarse afecto en público.

Barrios

La **Zona Rosa** (p. 69) es el principal barrio homosexual desde hace décadas (antes había sido una zona de prostitución). Amberes es su calle principal, con pequeños bares de ambiente y discotecas de varios pisos. La clientela es joven. Hay otras discotecas por la zona, entre una mezcla de bares de deportes heteros y supermercados coreanos. Las discotecas donde se paga entrada suelen atraer a clientela treintañera.

En la calle República de Cuba, en **Centro Histórico** (p. 37), hay discotecas gais, algunas con pistas de música alternativa. También hay varios espectáculos *drag* y un par de bares menos finos de ambiente trans. Hay otras discotecas cerca de la plaza Garibaldi.

En **Polanco** (p. 99) y **Condesa** (p. 91) hay varios bares y eventos esporádicos que atraen a un público con más edad y dinero.

IMPRESCINDIBLE

Por día de la semana

LUNES Vaqueros Bar
Cowboys maduritos y karaoke.

Tom's Leather Bar (p. 76) Clientela gay y cuarto oscuro.

Rico Club (p. 76) Muy popular, con varias plantas.

Marikoteca (p. 76) Noches para lesbianas.

VIERNES La Perla Espectáculos de cabaret *drag*.

La Purísima (p. 49) Dos plantas, sudor y baile.

DOMINGO Sodome Sauna temprano.

MARCHA DEL ORGULLO

El **Orgullo** se celebra un sábado de junio y recorre Reforma desde El Ángel, cerca de la Zona Rosa, hasta el Zócalo.

CLÍNICA CONDESA

Se especializa en salud sexual con pruebas rápidas de VIH y ETS, y tratamientos PEP gratuitos, incluso para extranjeros.

Recursos

- **pruebadevih.org.mx/cdmx** Pruebas rápidas de VIH y ETS. ● **todes.com.mx** Noticias, artículos y cultura LGTBIQ+ en CDMX. ● **timeoutmexico.mx/ciudad-de-mexico/gay** Todo lo LGTBIQ+ en la capital; hoteles frecuentados por gais.

Salud y seguridad

Con algo de sentido común, CDMX es mucho más segura de lo que se cree, sobre todo en los barrios más afluentes.

MÉDICOS Y FARMACIAS

La sanidad privada y los medicamentos son relativamente accesibles. Para cuestiones médicas leves, se recomienda consultar a los doctores que hay junto a casi todas las cadenas de farmacias económicas por poco más de 60 MXN (o gratis).

¿Es Ciudad de México segura?

Casi toda la violencia relacionada con el narcotráfico se da entre bandas rivales en los estados del norte y el Pacífico, lejos de la capital. Quienes la visitan por primera vez se suelen sorprender de lo segura que es. Zonas como Roma, Condesa y Coyoacán son muy seguras de día. De noche, conviene ceñirse a las calles principales y nunca hay que parar un taxi en la calle. Los visitantes no deben comprar ninguna clase de droga: la extorsión policial en esos casos no sería una novedad.

Terremotos
Si se oye la alerta que suena cuando se avecina uno, hay que ir a lugares abiertos.

A TENER EN CUENTA

Seguridad
No conviene llevar a la vista los objetos de valor.

Privacidad
Hay que pedir permiso antes de sacar fotos, sobre todo a menores y a la policía.

Marihuana
El consumo de cannabis está despenalizado, pero su posesión, venta y cultivo son ilegales.

Mal de altura

Sus síntomas pueden incluir mareos, fatiga, dolores de cabeza, vómitos, pérdida de apetito y náuseas. Suele darse cuando se asciende muy rápido a altitudes por encima de los 2500 m, como ocurre al llegar a Ciudad de México (2240 m) en avión. El exceso de actividad y de alcohol puede empeorar los síntomas.

ESTAFAS DE BAR

Antes de pagar, hay que revisar que la cuenta es correcta. Hay que presenciar la mezcla y apertura de bebidas, su adulteración puede ocurrir.

Turismo responsable

Estos consejos ayudan a dejar la mínima huella posible, apoyar los negocios locales y tener un impacto positivo en las comunidades.

Comprar artesanías éticamente

Se recomienda comprar artesanías directamente a los artesanos para fortalecer las economías locales y garantizar salarios justos. Esto puede incluir buscar vendedores en los bordes de los mercados que no se pueden permitir un puesto. **FONART** es una organización mexicana que promueve y protege la artesanía tradicional mexicana. Sus tiendas no son las más baratas, pero aseguran salarios justos para los artesanos.

Reutilizar las botellas

Se puede ahorrar plástico y dinero rellenando las botellas de agua en las más de 200 fuentes repartidas por la red de metro de la ciudad, dentro de las estaciones y en la entrada.

IMPRESCINDIBLE ★

Transformadores de basura

Las **BioBoxes** son máquinas de reciclar en lugares como el parque México que separan y compactan los residuos de aluminio y plástico, que se utilizarán para productos artesanales en las escuelas. Se pueden buscar en Google Maps.

Del jardín flotante a la mesa

Se recomienda visitar las **chinampas** (jardines flotantes) de Xochimilco en una embarcación hasta las islas aztecas artificiales para ver cómo filtran el agua, enfrían la ciudad y atrapan carbono. Se las puede apoyar comprando alimentos a pequeños productores, que en muchos casos juegan un papel clave como proveedores de restaurantes y particulares miembros del creciente movimiento del campo a la mesa.

Recursos

- **goabroad.com** Proyectos medioambientales y de conservación.
- **transitionsabroad.com** Oportunidades para estudiar y trabajar.

CALCULADORA DE CARBONO

Al planificar el viaje, se puede calcular la huella de carbono en avión, coche o barco en Sustainable Travel International *(sustainabletravel.org)*, donde también se puede hacer aportaciones a organizaciones ambientales para compensar el impacto de las emisiones.

Compras de segunda mano

En Roma y Santa María La Ribera se concentran muchas tiendas de **ropa 'vintage'** en edificios *boutique* gestionados por mexicanos con dinero. Si se dispone de tiempo para rebuscar, se puede apoyar a comercios más pequeños en los tianguis (mercadillos).

Suele haber puestos con montones de ropa a 20-150 MXN por prenda. El mayor mercadillo de ropa de segunda mano es el **tianguis El Salado,** al borde de la ciudad, donde muchas tiendas *vintage* elegantes acuden a comprar sus prendas. No hay que llevar cosas de valor.

En bicicleta

Ciudad de México tiene una red de carriles-bici físicamente separados del tráfico. Este código QR permite verlos y acceder a **Ecobici,** el sistema de alquiler de bicis.

 El cambio climático y los viajes
Es imposible ignorar el impacto de nuestros viajes y la importancia de hacer cambios. Lonely Planet anima a todos los viajeros a involucrarse en su huella de carbono. Muchas webs de líneas aéreas y sitios de reservas ofrecen la opción de compensar el impacto de los gases de efecto invernadero realizando donaciones para iniciativas respetuosas con el clima en todo el mundo.

La **calculadora de la huella de carbono de la ONU** compara el impacto de viajar en avión con las emisiones de una familia.

La **calculadora de emisiones de carbono de la OACI** permite a los visitantes analizar el CO_2 generado en viajes de un punto a otro.

♿ Accesibilidad

ⓘ ¿Es Ciudad de México accesible?

Muchas partes de la ciudad carecen de medidas de accesibilidad, pero cada vez hay más hoteles, restaurantes y museos con acceso para sillas de ruedas y otros servicios. Sigue habiendo pocas aceras con rampas y pocos semáforos con señales acústicas, pero ha habido avances, sobre todo en los museos principales.

🚆 Autobús y tren

Por lo general, el metrobús es más accesible en silla de ruedas que el metro. Para las personas con discapacidad visual, el metro cuenta con pavimentos texturizados y placas en braille. Viajar en tren es complicado, pues se suelen llenar.

AEROPUERTO

Las dos terminales del **aeropuerto Benito Juárez** (p. 28) proporcionan un servicio de sillas de ruedas y transporte para pasajeros con movilidad reducida. Al llegar, hay que tener en cuenta la aclimatación a la altitud.

 ## Uber accesible en silla de ruedas

En la capital, Uber tiene opciones para usuarios de dispositivos de movilidad. Hay que pedir un servicio de Uber Assist o un vehículo accesible en silla de ruedas.

⭐ IMPRESCINDIBLE

Entre las atracciones accesibles de la capital destaca el **parque de Chapultepec** (p. 99), adaptado a personas de movilidad reducida con senderos asfaltados y baños accesibles. Hay rampas y ascensores en el **Museo Frida Kahlo** (p. 124), el **Museo Nacional de Antropología** (p. 102), el **Templo Mayor** (p. 40), el **Palacio Nacional** (p. 46) y el **Palacio de Bellas Artes** (p. 58). Hay un espacio para sillas de ruedas en el Turibus (*turibus.com.mx*), pero no todas las paradas tienen atracciones accesibles.

LAVABOS

Aunque Ciudad de México es una de las mayores ciudades del mundo, tiene pocos lavabos accesibles en silla de ruedas. Los hoteles, museos y cadenas de restaurantes suelen ser la mejor opción.

Recursos

● **wheelchairtraveling.com** Consejos e información sobre circuitos, transporte y hoteles en CDMX para personas con discapacidad física.

Lo esencial

Horarios

Excepto las cadenas, muchos comercios y restaurantes cierran los domingos. Los museos están abiertos, a veces son gratis.

Bancos 9.00-16.00 lu-vi

Discotecas 21.00-3.00 o más tarde

Metro 5.00-24.00 lu-vi, desde 6.00 sa y 7.00 do

Oficinas y servicios gubernamentales 9.00-17.00 lu-vi, 10.00-15.00 algunos sa

Restaurantes Desayuno 8.00-12.00, almuerzo 13.00-16.00, cena 18.00-21.30

Tiendas 10.00-18.00

Supermercados en Roma y Condesa 7.00-22.00

A TENER EN CUENTA

Hora local
Hora del Centro (GMT/UTC -6 h)

Código del país 55

Emergencias 911

Población
9,2 millones de hab.

ELECTRICIDAD
127 V/60 Hz

Fiestas oficiales

Cuando un festivo cae en sábado o domingo, se suele pasar al viernes o lunes más cercano.

Año Nuevo 1 de enero

Día de la Constitución
Se celebra el primer lunes de febrero

Día del Nacimiento de Benito Juárez
Se celebra el tercer lunes de marzo

Día del Trabajo
1 de mayo

Día de la Independencia
16 de septiembre

Día de la Revolución
Se celebra el tercer lunes de noviembre

Día de Navidad
25 de diciembre

Fumar

En México, la ley prohíbe fumar en todos los espacios públicos, incluidos hoteles y espacios al aire libre como playas y parques. Las multas son considerables. Vender cigarrillos sueltos es ilegal, aunque muchos puestos lo siguen haciendo.

Idioma

El español es la lengua más hablada de México —por más del 85 % de la población—, pero el país sigue siendo un mosaico lingüístico lleno de matices. En su territorio conviven decenas de lenguas originarias que han sobrevivido al paso del tiempo y que continúan dando forma a la vida cultural del país.

El español

Más de 120 millones de mexicanos hablan español, casi todos como lengua materna. En Ciudad de México se oye una de las variantes más reconocibles y extendidas del país, salpicada de giros locales.

Suena distinto al español peninsular: el ritmo es más pausado y la entonación, más musical. Muchas palabras vienen de las lenguas indígenas, sobre todo del náhuatl, la lengua del antiguo Imperio mexica, que dejó huella en el habla cotidiana y en los nombres de lugares como *Chapultepec, Coyoacán* o *Mixcoac*.

También son característicos los diminutivos —*poquito, cafecito, ahorita*—, que suavizan el tono y expresan cercanía.

Lenguaje coloquial

La capital tiene un español vivo, colorido y lleno de expresiones propias. Estas son algunas de las más comunes que puedes escuchar en la calle:

¿Qué onda? ¿Qué tal?, ¿cómo estás?

¡Qué padre! ¡Genial!, ¡qué bueno!

Fregón Muy bueno, genial, impresionante.

Irse de reventón Salir de fiesta.

Me late Me gusta, me parece bien.

¡No mames! ¡No puede ser! / ¡No digas tonterías!

Me vale madre No me importa.

Echar la hueva No hacer nada, holgazanear.

Chido Bueno, bonito, guay.

Chilango Se utiliza para identificar a alguien de Ciudad de México.

Chela Cerveza

Índice

Véanse también los subíndices:

 Comer p. 155

 Beber p. 156

 Comprar p. 156

Puntos de interés p. 000
Págs. de los planos **p. 000**

Comer

La opinión del lector

Nos encanta escuchar a los viajeros ya que vuestros comentarios nos ayudan a mejorar nuestros libros. Podéis enviarlos a lonelyplanet.com/contact. Leemos todos los mensajes y garantizamos que estos llegan a los autores.

Nota: Es posible que determinados fragmentos de estos mensajes aparezcan en nuevas ediciones de las guías Lonely Planet, en la web o en productos digitales. Se ruega a todo aquel que no desee ver publicado este contenido ni que figure su nombre que lo haga constar. Para obtener una copia de nuestra política de privacidad, visita lonelyplanet.com/legal.

geoPlaneta
Av. Diagonal 662-664, 08038 Barcelona
www.geoplaneta.com – www.lonelyplanet.es

Lonely Planet Global Limited
Lonely Planet Global Limited, Digital Depot,
The Digital Hub, Dublín D08 TCV4, Irlanda
www.lonelyplanet.com
Contacta con Lonely Planet on: lonelyplanet.com/contact

Ciudad de México de cerca
2ª edición en español – febrero de 2026
Traducción de *Pocket Mexico City*, 1ª edición – octubre del 2025
© Lonely Planet Global Limited
1ª edición en español – marzo de 2016

Editorial Planeta, S.A.
Av. Diagonal 662-664, 7º. 08034 Barcelona (España)
Con la autorización para la edición en español de Lonely Planet Global Limited, Digital Depot,
The Digital Hub, Dublín, D08 TCV4, Irlanda

© Textos y mapas: Lonely Planet, 2025
© Fotografías: según se relaciona en cada imagen, 2025
© Edición en español: Editorial Planeta, S.A., 2026
© Traducción: Yajaira Rodríguez, 2025

ISBN: 978-84-08-31178-2
Depósito legal: B. 16.512-2025
Impresión y encuadernación: Unigraf
Printed in Spain – Impreso en España